Christine Nöstlinger
Küchen-ABC

www.dachs.at

A-1220 Wien

Druck und Bindung: Druckerei Theiss, A-9431 St. Stefan im Lavanttal
ISBN 3-85191-218-0
03 02 06 / 100 / 12

Christine Nöstlinger

Küchen-ABC

von A wie »Arbeit antun«
bis Z wie »zaubern«

EDITION CHRISTINE NÖSTLINGER
IM
DACHS-VERLAG

A

wie Arbeit antun

Meine Freundin Anna ist eine verlässliche Person. Ist sie bei mir zum Nachtmahl, schmeckt ihr das Vorgesetzte stets. Sie lobt es immer aus randvollem Munde und fragt: »Sag, wie hast du das gemacht?«

Dann erläutere ich ihr die Rezeptur der hoch gelobten Speise, und bin ich damit fertig, sagt sie jedes Mal kopfschüttelnd: »Also, *die* Arbeit würde ich mir nicht antun!«

Wie viel Küchenarbeit Anna sich »anzutun« bereit ist, weiß ich nicht. Sie hat noch nie jemanden zu sich heim »zum Essen« eingeladen. Aber ich hege den Verdacht, dass ihr sogar die Produktion von Eierspeise zu arbeitsintensiv ist und sie nur Spiegeleier brät, um sich die Mühe des Eierverschlagens zu sparen. Das heißt aber nicht, dass meine Freundin Anna faul sei. Geht es zum Beispiel um Kreuzerlstiche, ist sie brummhummelemsig. Sieben Meter Tischtuchsaum mit einer breiten Kreuzerlstichbordüre eigenhändig zu schmücken, ist ihr freizeitliches Anliegen. Angesichts des fertigen Prunkstückes sage *ich* dann kopfschüttelnd: »Also, *die* Arbeit würde ich mir nicht antun!«

Was für den einen Vergnügen, ist halt für den anderen

Plackerei. Dumm ist bloß, dass der Mensch – so er sich Familie zugelegt hat – das Kochen nicht so strikt ablehnen kann wie das Sticken. Über Mangel an Kreuzsticherl-Bordüren im trauten Heim hat noch nie ein Partner oder ein Kind Beschwerde geführt, über »lieblose Abfütterung« mit Fertigprodukten bzw. »kalter Küche« aber sehr wohl.

Warum jemand viel kostbare Freizeit darauf verwendet, Tischtücher mit Bordüren zu besticken, kann ich mir nicht erklären. Warum ein Mensch viel kostbare Freizeit zwischen Herd, Schneidbrett, Abwasch und Küchenmaschine zubringt, erahne ich sehr wohl. Dass es darum geht, für den eigenen Gaumen Köstliches zu produzieren, ist eher der rare Ausnahmefall! Üblicherweise sind »Arbeitsantuer« in der Küche Leute, die gierig nach ausuferndem Lob sind und gemerkt haben, dass sie dieses Bedürfnis mühelos befriedigen können, wenn sie freudigen Fressern erlesene Speisen vorsetzen. Steht eine perfekt gebratene, glänzende, duftende Gans, umgeben von Rotkraut, Kastanien und Schupfnudeln, auf dem Tisch, erntet der Koch bzw. die Köchin ein Ausmaß an Lob, das ihm bzw. ihr für andere, nicht minder mühsame Dienste an den lieben Mitmenschen versagt bleibt. Und haben dann alle Esser ihre Portionen auf den Tellern und stellen verklärt kauend fest, dass ihnen das Vorgesetzte als »beste Gans aller Zeiten« erscheint, schwebt der Koch bzw. die Köchin in einer Wolke aus Wohlwollen und darf sich nicht nur gelobt fühlen, sondern wahrhaft geliebt.

Nicht verwechseln soll man aber die große Menge der »Arbeitsantuer« mit der kleinen Schar der »Kochsüchtigen«. Exakt erklären, was Kochsucht ausmacht, lässt sich nicht. Wer für sie anfällig ist, kann man eher sagen. Besonders suchtgefährdet dürften zwei grundverschiedene Sorten von Menschen sein. Die, die in ihrer Kindheit zu wenig und dazu sauschlechtes Essen bekamen, also immensen Nachholbedarf haben, und die, die in kochsüchtigen Haushalten aufwuchsen, also das Suchtverhalten bereits in den Pampers, wenn nicht gar im Mutterleib, antrainiert bekamen. Leicht zu erkennen ist Kochsucht ebenfalls. Wenn etwa ein Mensch für ein paar Tage nach – sagen wir mal – Florenz fährt und dort nicht hurtig die Ufficien und die Boboli-Gärten besichtigt, sondern zuerst sämtliche Viktualien-Märkte und Markthallen inspiziert, ist der Verdacht auf Kochsucht auszusprechen. Und wenn dieser Mensch hernach mit zwei prall gefüllten Tragetaschen ratlos dasteht, weil er – wieder klar im Kopf – überzuckert, dass er aus den erlesenen Zutaten, die er erstanden hat, im Hotelzimmer keinen toskanischen Gemüsetopf wird kochen können, darf man ihm ohne Bedenken schwerste Kochsucht attestieren.

Auch an der Bereitschaft, die Erzeugung gewisser Speisen nicht kategorisch abzulehnen, ist Kochsucht zu erkennen. Nehmen wir zum Beispiel die Saubohnen, beim deutschen Nachbarn »Dicke Bohnen« genannt. Wer als Beilage für 4 Personen »Dicke Bohnen« kochen will, muss auf einen gut sortierten Markt fahren, denn Saubohnen sind hierzulande eine Rarität. Hat man einen Saubohnen-Anbieter entdeckt, erwirbt man zwei medizinballgroße Binkel dieser Hülsenfrucht, denn die Dinger sind abfallintensiv. Daheim angekommen kletzelt man die Bohnenkerne aus den pelzigen Schoten. Hernach hat man einen Riesenberg leerer Schoten und ein – relativ gesehen – kleines Hügelchen Bohnenkerne. Nun bringt man Wasser zum Sieden, wirft die Bohnenkerne rein, lässt sie ein Minütchen drin, fischt sie raus und wirft sie in Eiswasser. Blanchieren nennt sich dieser Vorgang. Ist er getan, zieht man den Böhnchen die dicke Haut ab, die durchs Blanchieren unansehnlich schrumpelig, aber gut lösbar geworden ist. Nun hat man einen Riesenberg leerer Häute und ein – auch absolut gesehen – kleines Häuflein grannysmithgrüner Bohnenkernhälften. Selbige kocht man dann in Wasser weich. Abfall: alles in allem zwei Mülleimer voll. Arbeitszeit (inklusive Fahrt auf den Markt): 3 Stunden und 20 Minuten. Zu servierende Menge Bohnengemüse: lächerliche vier bis fünf Schöpfer voll! Wer sich dieser Saubohnen-Sauarbeit einmal unterworfen hat und hernach nicht mit angewidertem Gesicht an feilgebotenen Saubohnen vorübergeht, sondern, ihrer ansichtig werdend, begeistert zugreift, der ist unter Garantie ein Kochsuchtkranker!

Auch Leute, die es nicht schaffen, einer Morchelrahmsoße den im Rezept empfohlenen Esslöffel »Kalbs-Glace« vorzuenthalten, und in sämtlichen Delikatessenläden der Stadt nach einem Gläschen Glace fahnden, dürften kochsüchtig sein. Wer sich aber nicht mal mit gekauftem Glace zufrieden gibt, sondern 2 Kilo Kalbsknochen klein hackt, röstet, mit Tomatenmark und Wasser übergießt und das unansehnliche Gemisch sechs Stunden im Backrohr brodeln lässt, um dann ein Viertelliterchen braunen Sirup abseihen zu können, dem ist dringend eine Sucht-Therapie anzuraten.

Dass aber ein Mensch, der nicht bloß fertige Nudeln (frisch oder getrocknet) ablehnt, sondern auch die Nudelerzeugung mit der Kurbelmaschine verweigert und mit einem aus Italien importierten, ein Meter langen, kinderunterarmdünnen Nudelholz Nudelflecken ausrollt und auf Streifen schneidet, Sucht-Therapie bräuchte, lehne ich ab! Nudelwalkergewalkte Nudeln sind einfach allen anderen Nudeln überlegen. Den Beweis dafür habe ich etliche Male serviert. Genauso wenig zeugt es von Sucht, Kirschen für den Strudel zu entkernen! Es ist nämlich nicht das wahre Essvergnügen, im Munde Schluckbares und Spuckbares auseinander zu dröseln.

PS: Der Kochsucht verfallen zu sein, heißt aber noch lange nicht, gut kochen zu können. Ich kenne aus leidvoller Erfahrung eine schwer kochsüchtige Person, die den Gästen den Aufenthalt an ihrem Esstisch zur Qual werden lässt. In diesem Fall ist der einzige Ausweg, beizeiten – also wenn die Einladung ausgesprochen wird – eine Magenverstimmung vorzumogeln, die einem – leider, leider – Enthaltsamkeit bei der Nahrungsaufnahme auferlegt.

Das nun folgende A-Rezept, *Arme Ritter,* ist aber weder Arbeitsantuern noch Kochsüchtigen zu empfehlen, sondern den Leuten, die keine Lust oder keine Zeit haben, lang in der Küche zu stehen.

Wir brauchen für 4 Portionen Arme Ritter:

8 Scheiben Toastbrot
80 Gramm Powidl
3/8 l Milch
2 Eier
15 Gramm Mehl
Vanillezucker, Zimt, 1 Esslöffel Rum
Fett zum »schwimmend« backen, also mindestens so viel, dass es 1 cm hoch im Reindl steht.
Staubzucker zum Überzuckern

Von den acht Brotscheiben schneiden Sie die Rinde, bestreichen vier Scheiben mit Powidl und klappen die anderen vier Scheiben drüber.

Die Milch, den Rum, den Zimt und den Vanillezucker vermischen Sie und lassen darin die vier Powidl-Sandwiches beidseitig kurz weichen.

Während die Dinger weichen, verschlagen Sie die Eier mit dem Mehl, dann nehmen Sie die Powidl-Sandwiches aus der Milch und ziehen sie – wieder beidseitig – durchs Eier-Mehl-Gmachtl.

Schließlich backen Sie die »Ritter« – natürlich auch beidseitig – im heißen Fett; was insgesamt nicht länger als drei, vier Minuten dauern wird. (Ob das Fett »richtig« heiß ist, können Sie ausprobieren, indem Sie ein Weißbrotwürferl reinwerfen und dessen rapide bzw. zögerliche Bräunung beobachten. Wird das Würferl in nullkommapepi dunkelbraun, ist das Fett zu heiß, schwimmt das Würferl bloß bleich im Fett, ist selbiges zu wenig heiß.)

B

wie Brennnessel, Brunnenkresse und Brombeeren

Im eigenen Gärtlein Obst und Gemüse zu ernten ist eine sehr schöne Sache. Aber bevor sich der Hobbygärtner stolzer Ernte-Freude hingeben darf, hat er allerhand Mühe auf sich zu nehmen. Und spielt das Wetter verrückt oder fällt eine Schneckenarmee über die Beete her oder dräut eine sonstige Schädlingsplage, dann war alle Mühe vergebens und es hat sich was mit der stolzen Erntefreude!

Zu ernten ohne zu säen, wie die biblischen Vögelein auf dem Felde, ist jedenfalls eine weit bequemere Art der Nahrungsbeschaffung und befriedigt zudem etwaige »Sammeltrieb-Reste«, die wir uns aus längst vergangenen Urzeiten erhalten haben.

Ob ein Sammler lieber hinter »Raritäten« her ist oder sich üppig vorhandener Naturprodukte annimmt, hängt weniger von seiner Neigung ab als von seiner Fähigkeit, Rares aufzufinden. Zu den Raritäten-Sammlern zählen etwa die Pilzsammler, die ausschließlich sehr kleine, sehr feste Steinpilze des Abschneidens würdig halten und hochnäsig jeden eifrigen Eierschwammerl-Braunkappen-Birkenpilz-Pflücker belächeln.

Wer kein Raritäten-G'spür hat und zudem den schnellen Erfolg schätzt, der muss sich nach anderen Sammel-Objekten umschauen. Nach Brennnesseln zum Beispiel! Die gibt es überall reichlich, und ausgestattet mit dicken Arbeitshandschuhen lässt sich im Nu der Kofferraum eines Mittelklassewagens mit ihnen füllen. Was man aus Brennnesseln machen kann? Na, den allseits unbeliebten Brennnesselspinat zum Beispiel! Optisch ist er zwar nicht gerade ansprechend, denn er dräut so kuhfladenförmig wie -farbig auf dem Teller, aber geschmacklich ist er weit besser als sein Ruf.

Und aus Brennnessel-Spitzen lässt sich ein tolles *Brennnessel-Risotto* köcheln.

Hier das Rezept in Kürzestfassung:

Butter schmelzen, Arborio-Reis reintun, glasig dünsten, klein geschnittene Frühlingszwiebel dazu, mit Weißwein ablöschen, verkochen lassen, nach und nach heiße Hühnersuppe zugießen, langsam al dente kochen.

Grob gehackte Brennnesselblätter und gehackten Knoblauch in Butter anschwitzen, salzen, pfeffern, dünsten, bis alles Wasser, das die Brennnesseln abgeben, verdampft ist, Obers dazugeben, sämig einkochen.

Das Brennnessel-Gmachtl zum Reis geben, kalte Butter in kleinen Stücken unterrühren, geriebenen Parmesan und ein Schlückchen Weißwein drantun. Fertig!

(Mengen habe ich keine angegeben, weil es Geschmackssache ist, wie viel Butter, Parmesan, Obers, Brennnesseln und Frühlingszwiebel man nimmt und weil der Reis, je nach Sorte, sowieso unterschiedlich viel Suppe braucht, bis er gar ist. Und was die Reismenge angeht, meine ich, dass eine übliche Kaffeetasse als Maß für zwei tüchtige Esser reichen müsste.)

Kombiniert mit ebenfalls selbst gesammelten jungen Bärlauchblättern wird aus zarten Brennnesseln (wenn es Bärlauch gibt, sind alle Brennnesseln noch sehr zart) auch ein nettes *Süppchen*, indem man beiderlei »Grünzeug« grob schneidet, in Butter andünstet, mit Rindsuppe aufgießt, durchkocht, Obers dran tut, würzt und schließlich mit dem Stabmixer passiert. (Wer es mag, kann natürlich auch gehackte Jungzwiebel und Knoblauch mitdünsten. Und statt der Rindsuppe tut es auch ein preiswerter Suppenwürfel.)

Übrigens: Eine nahe Verwandte von mir pflückt jeden Tag des Morgens im Garten ein kleines Brennnessel-Blättchen und tupft sich damit auf ein Ohrläppchen (ob auf das rechte oder das linke, weiß ich nicht). Angeblich fördert dies ihr Wohlbefinden enorm.

Von der Brunnenkresse braucht es keinen Kofferraum voll, da reicht ein Büschel im Ausmaß eines Veilchensträußleins, um einen Erdäpfelsalat aufs Köstlichste zu veredeln.

Brunnenkresse wächst im frühen Frühjahr, oft schon, wenn rundherum noch Schnee liegt, an den Rändern von Bächen und Teichen. Je »jünger« sie ist, umso pikanter schmeckt sie. Wenn sie zu blühen anfängt, wird sie allerdings ungenießbar bitter, sie ist also ein sehr kurzes Gaumenvergnügen. Und dass man nur die kleinen Blättchen, aber nicht die Stängel unter den Erdäpfelsalat mischt, ist ja wohl klar, oder?

Brombeeren sind merkwürdigerweise nicht so beliebt wie Himbeeren. Dabei haben sie den Himbeeren einiges voraus! Sie sind üblicherweise wesentlich größer als Himbeeren, also bekommt man mit ihnen auch wesentlich schneller das Eimerchen voll. Und sie sind – im Gegensatz zu den Himbeeren – absolut wurmfrei. Den Frust, den der heimkehrende Himbeerpflücker hat, wenn er sieht, wie viel weißes Gewürm aus seinen Himbeeren gekrabbelt ist und sich nun verdutzt an der Oberfläche reckt und ringelt, erspart man sich bei den Brombeeren.

Kernfrei sind Brombeeren allerdings nicht. Und eine Natur-Brombeere hat zudem garantiert einen doppelt so hohen Kern-Anteil wie eine Zucht-Brombeere! Ob dieser Kern-Anteil in der *Brombeermarmelade* drin bleiben darf, ist Ansichtssache.

Angeblich bringen die Kerne eine zusätzliche, interessante Geschmacksnote ins Fruchtige. Könnte aber auch leicht sein, dass sich die Leute, die das behaupten, bloß um das Passieren drücken wollen.

Wer Menschen mit Zahnprothesen zu verköstigen hat, sollte sich aber auf alle Fälle die Mühe des Passierens machen, denn Brombeerkörnchen, zwischen Gaumen und Zahnersatz festsitzend, erfreuen einen Dritt-Zähnler wohl kaum. Aber eine ziemliche Patzerei ist diese Passiererei schon! Tunlichst kocht man zuerst die Brombeeren mit einer Winzigkeit Wasser matschweich. Weil sie sich dann leichter passieren lassen. Dann schüttet man den Matsch in ein so genanntes »Haarsieb«, das heutzutage allerdings ein Drahtsieb ist. Nur so ein Sieb ist tauglich, alle anderen haben zu große Löcher, da würden die meisten Kerne durchflutschen und die ganze Passier-Plage wäre für den Hugo. Hierauf malträtiert man den Fruchtmatsch so lange mit einer Teigkarte (kann auch ein Passierholz sein), bis im Sieb nur mehr Kerne und feste Pampe sind. Nun wiegt man das durchpassierte Brombeersafterl ab, tut so viel Gelierzucker dran, wie auf der Packung empfohlen wird, und kocht das Zucker-Saft-Gemisch, ständig rührend, zu edler Marmelade. Wie lang das dauert, steht ebenfalls auf der Gelierzuckerpackung. Wer der Minuten-Angabe auf der Packung misstraut, kann eine »Gelierprobe« machen, indem er ein Moccalöfferl voll Marmelade auf ein kaltes Tellerchen kleckst. Geliert der Marmeladeklacks in Nullkommapepi zu schöner Festigkeit, ist die Marmelade fertig. Tut er es nicht, muss man noch ein, zwei Minuterln weiterkochen und rühren.

PS: Dass mühsam erzeugte Marmelade schimmlig wird, kommt leider vor. Meistens liegt das daran, dass die Gläser nicht steril genug waren. Wer sich mit dem lästigen Sterilisieren nicht rumschlagen will, der füllt einfach seine Marmelade in sehr kleine Pötte, friert die Dinger ein und taut sich bei Bedarf einen Pott auf.

C

wie Champagner und Chips

Champagner und Chips passen nicht zusammen! Zum Champagner futtert der Kenner Kaviar, Lachs oder Gänseleber, Chips spült man üblicherweise mit Bier oder Cola die Kehle runter. So sehen es wenigstens die Menschen mit angepassten Geschmackspapillen. Aber es gibt natürlich auch jede Menge Leute, die auf alle Was-passt-zu-was-Regeln pfeifen und Kombinationen wie Chips mit Champagner besonders schätzen.

Meine Frau Mutter etwa liebte es, beim Fernsehen Manner-Schnitten mit hopfigem Bier zu kombinieren. Und meine Frau Großmutter trank zum Erdäpfelgulasch gern Himbeersaft. Ich habe beides probiert. Erdäpfelgulasch mit Himbeersaft ist abscheulich, aber Manner-Schnitten mit Bier, das hat schon gewisse Reize!

Und Champagner mit Chips ist sowieso total okay, weil Champagner immer total okay ist; auch ohne »Zubeiß« ist er allerliebst. Besonders wohltuend wirkt er sich – natürlich nur schlückchenweise genossen – als muntermachender Gefährte bei langwieriger Küchenarbeit aus.

Jedenfalls ist es weit vernünftiger, Champagner zu trinken, als ihn ins Sauerkraut zu schütten, wie das in manchen Restaurants im Elsass so Sitte ist. Es sieht freilich schon recht imposant aus, wenn der Herr Wirt mit der Krautschüssel und der Champagnerflasche an den Tisch kommt und eigenhändig das kostbare Nass übers dampfende Kraut gießt, auf dass sich Kraut und Champagner schäumend miteinander vermählen. Aber der Feinspitz muss erst geboren werden, der das nicht nur optisch, sondern geschmacklich zu würdigen wüsste. Ein guter Weißwein reicht, wenn man kein Snob ist, allemal fürs saure Kraut.

Wer aber unbedingt einmal mit Champagner kochen will, könnte vielleicht ein Champagner-Mousse erzeugen. Das ist nicht weiter schwierig. Es gelingt auch Dessert-Anfängern, wenn sie mit einem Thermometer arbeiten. Ein Fieberthermometer reicht dafür allerdings nicht. Wir brauchen eines, das weit höhere Temperaturen anzeigt. So ein Ding ist zwar nicht gerade billig, aber wer genug Geld für Champagner hat, wird sich wohl auch diese Ausgabe leisten können! Und das Ding hält ja, so man es nicht auf den Kachelboden fallen lässt, lebenslänglich.

An Zutaten fürs *Champagner-Mousse* brauchen wir:

1/8 l Champagner (gut bemessen)
70 Gramm Zucker
3 Dotter
Saft von einer Zitrone
1 Eiweiß

2 Blatt Gelatine
1/3 Becher Schlagobers
eine Winzigkeit Grappa
und zum Garnieren ein Handerl voll Beeren

Zudem: das Thermometer, einen Schneebesen, einen Topf und eine metallene Rührschüssel, die gut auf den Topf passt.

»Gut« heißt in dem Fall, dass die Schüssel bequem im Topf hängt, aber oben so breit ist, dass sie keinesfalls in den Topf reinkippen kann.

Und so werken wir:

Die zwei Gelatineblätter werden zum Aufweichen in kaltes Wasser gelegt.

In den Topf kommen zwei, drei Finger hoch Wasser, dann stellen wir ihn auf den Herd und lassen das Wasser heiß werden. Heiß, aber nicht kochend!

Ist es so weit, platzieren wir die Rührschüssel auf den Topf und tun den Champagner, ungefähr 2/3 vom Zucker und die 3 Dotter in die Rührschüssel und schlagen dieses Gemisch so lange mit dem Schneebesen auf, bis es schaumig-dicklich ist.

Dann tun wir den Saft der Zitrone dazu und schlagen munter weiter. Während wir – zügig, aber nicht hektisch – schlagen, wofür wir ja nur eine Hand brauchen, nehmen wir das Thermometer in die andere Hand und kontrollieren mehrmals die Temperatur unserer Schaummasse, denn die Sache darf ja nicht zu heiß werden!

Zeigt die Quecksilbersäule knapp über 70 Grad, nehmen wir die Rührschüssel vom Topf, holen die glitschig gewordenen Gelatineblätter aus dem Wasser, drücken sie fest aus und werfen sie in unser Schäumchen, wo sie sich, während wir sachte weiterschlagen, komplett auflösen.

Dann stellen wir die Rührschüssel am besten auf ein Eiswürfelbett und schlagen mit dem Schneebesen weiter, bis das Schäumchen kalt geworden ist.

Nun schlagen wir das Eiweiß mit dem restlichen Zuckerdrittel zu einer festen, cremigen Masse und ziehen diese unter das kalte Schäumchen.

Ist das erledigt, wird das Obers steif geschlagen und ebenfalls untergezogen. (Unterziehen ist etwas anderes als rühren! Es geht am besten, wenn man den Schneebesen schön sachte quer durch die Rührschüssel gleiten lässt, während man die Rührschüssel langsam dreht.) Ist auch das Schlagobers im Schäumchen, tröpfelt man noch abschließend ein bisschen Grappa drüber und zieht ihn wieder vorsichtig unter.

Dann füllt man das Champagner-Mousse in eine passende Schüssel und stellt diese für ein paar Stunden in den Eisschrank.

Mit einem nassen Suppenlöffel sticht man schließlich hübsche Nocken aus dem Mousse, legt je zwei Stück davon auf ein Tellerchen und tut ein paar Beeren rund um die Nocken.

PS: Die Chips sind in diesem Kapitel zu kurz gekommen! Also sei noch erwähnt, dass man nicht nur aus Erdäpfeln Chips brutzeln kann. Ein paar Sellerieknollen-Chips etwa sehen unheimlich toll aus, wenn man mit ihnen ein feines Selleriepüree krönt. Noch nie was von *Selleriepüree* gehört? Also, das schmeckt köstlich und geht ganz einfach.

Sie brauchen dazu:

1 Knolle Sellerie, so ca. 400 Gramm schwer
Saft einer halben Zitrone
1/2 Becher Schlagobers
50 Gramm Butter
Salz
Pfeffer
Muskatnuss

Die Sellerieknolle wird ordentlich geschält und auf kleine Würfel geschnitten, etwa in Größe eines Mensch-ärgere-dich-nicht-Würfels (»ordentlich« soll heißen, dass die Knolle bar aller braunen Stellen ist).

Die Würfel werden in etwas Salzwasser und dem Zitronensaft weich gekocht. Sind sie weich, holt man sie mit einem Siebschöpfer aus dem Zitronen-Salzwasser, lässt sie ein bisschen abtropfen und püriert sie. Das geht mit einem Stabmixer vorzüglich. Im Mix-Becher einer Küchenmaschine geht es natürlich genauso gut. Und wer weder Küchenmaschine noch Stabmixer hat, kann die weichen Würferln auch durch ein feines Sieb drücken.

Der so oder so oder so erzeugte Selleriebrei kommt in einen kleinen Topf und wird gesalzen, gepfeffert und mit Muskat gewürzt.

Der Topf wird auf den Herd, auf allerkleinste Flamme

bzw. niedrige E-Stufe, gestellt, und das Obers wird schön langsam eingerührt. Ist alles Obers in der Sellerie, rührt man so lange weiter, bis das Püree ordentlich heiß ist.

Ist dieser Zustand erreicht, nimmt man den Topf vom Herd und rührt abschließend die Butter unter.

Die *Sellerie-Chips* sind noch einfacher zu machen!

Eine kleine Sellerieknolle wird geschält und auf einem Gurken- oder Krauthobel zu Scheiben zersäbelt. Von wegen der »Optik« sticht man mit einem Keksausstecher die Scheiben zu exakt kreisrunden Chips und bäckt sie in reichlich heißem Öl knusprig aus.

PS: Ebenfalls wegen der »Optik« ist es ratsam, das Püree bereits in der Küche auf heiße Teller zu verteilen und mit den Chips zu dekorieren. Das macht weit mehr her, als wenn Sie den Püree-Topf und einen Teller mit den Chips auf den Tisch stellen.

D

wie Dampfl und Dukatenbuchteln

Es ist hoch an der Zeit, endlich einer üblen Legende, die seit Generationen in Küchen herumgeistert, den Garaus zu machen!

Also: Germteig – bei den deutschen Nachbarn Hefeteig genannt – ist kein »schwieriger Teig«. Im Gegenteil. Er gelingt leichter als flaumiges Biskuit oder saftiger Sandkuchen. Sogar blutige Teig-Anfänger schaffen Germteig mühelos, falls sie im Besitz eines Handmixers mit Knethaken oder einer Küchenmaschine sind. (Den Germteig händisch mit einem Kochlöffel abschlagen, wäre echte Plackerei.)

Am völlig unnötigen Respekt vor dem Germteig sind unsere Mamas, Omas und Uromas schuld. Warum die so einen Hokuspokus rund um die Germteig-Produktion veranstalteten, weiß ich nicht. Vielleicht um anschaulich zu zeigen, welch diffizile Schwerarbeit ihnen im Haushalt abverlangt wird.

Jedenfalls ist es nicht nötig – so wie es meine Oma tat und noch heute Kochbücher vorschreiben –, ein »Dampfl«, also einen Vorteig, zusammenzurühren und aufgehen zu lassen. Ein Dampfl ist ja bloß eine Gärprobe, um festzustellen, ob die Germ in Ordnung ist. Heutzutage ist ein Germwürfel, wenn er das aufgestempelte Ablaufdatum noch nicht erreicht hat, auf alle Fälle in Ordnung, daher ist diese misstrauische Behandlung unsinnig. Es ist auch nicht nötig – so wie das meine Mutter tat, aber kein Kochbuch vorschreibt –, die Küche auf Körpertemperatur zu bringen, bevor man sich ans Teigmischen macht. Eiseskälte schätzt zwar ein Germteig nicht, aber zum Aufgehen reicht ihm allemal die bei uns übliche Raumtemperatur. Und schon gar nicht ist es nötig – so wie es meine Oma und meine Mutter taten –, jeden harmlosen Menschen, der die Küche betreten will, anzuschreien: »Tür zu, sonst fallt mir im Zug der Germteig zamm!«

Ich beschwöre: Ich habe mehrmals bei offenem Küchenfenster und sperrangelweit offener Küchentür, also bei gehörigem »Zug«, Buchteln fabriziert, und sie haben mir das nicht übel genommen!

Was so ein Germteig aber wirklich braucht, ist Zeit. Doch er verlangt ja nicht, dass man sich in dieser Zeit dauernd um ihn schert. Während er zweimal »geht«, können Sie zweimal sitzen. Oder liegen. Und Zeitung lesen oder Kreuzworträtsel lösen.

Angeblich lässt sich die Aufgehzeit auch verkürzen, indem man den Teig im Backrohr bei 50 Grad »gehen« lässt. Wenigstens behauptet das eine Meister-Köchin in ihrem Kochbuch. Ich habe es nicht ausprobiert. Weil ich halt gern Zeitung lese und Kreuzworträtsel löse.

Der einzige Nachteil von Germmehlspeisen ist, dass sie nur wirklich frisch, am besten lauwarm, optimal schmecken und schnell altbacken werden. Was nicht auf einen Sitz weggefuttert wird, sollte man deshalb hurtig einfrieren. Egal ob Krapfen, Dampfnudeln, Schnitten vom Gugelhupf, Dalken oder halbe Potizen, aufgetaut – am besten bei 70 Grad Umluft im Backrohr – sind sie wie »frisch gebacken«.

Als Rezept für das D-Kapitel hätte ich Dukatenbuchteln anzubieten. Nicht die süßen, sondern mit Speck gefüllte, die etwa vorzüglich zu einem Rindslungenbraten in Wurzelsoße passen. Wenn Sie Gästen diese Beilagen-Buchterln vorsetzen, ist Ihr Ruf als perfekte Köchin oder perfekter Koch auf Lebenszeit gesichert.

Speckdukatenbuchteln:

Für die Fülle:
150 Gramm durchwachsener Speck, auf winzige Würfel geschnitten
100 Gramm Schalotten, auf noch winzigere Würfel geschnitten
(eventuell ein Esslöffel Schmalz)
Für den Teig:
250 Gramm glattes Mehl
1/2 Würfel Germ
1 Kaffeelöffel Zucker
60 Gramm Butter
knapp ein Achterl Milch
3 Eidotter

1 große Prise Salz
und 100 Gramm zerlassene Butter

Zuerst machen wir die Fülle:

Die Speckwürferln kommen in eine Pfanne und werden knusprig ausgebraten. Ist der Speck so mager, dass er kein Fett abgibt, tun Sie einen Löffel Schmalz dazu. Die knusprigen Würferln holen Sie aus der Pfanne, tun die Zwiebelwürferln rein und rösten sie goldgelb. Dann kommen die Speckwürferln in die Pfanne zurück und werden mit den Zwiebeln vermischt.

Nun wird der Teig erzeugt:

Das Mehl kommt in eine Rührschüssel, die Germ wird drüber gebröselt, der Zucker wird drauf gestreut.

Die Milch wird lauwarm gemacht, die Butter wird geschmolzen, die geschmolzene Butter, die Milch und die Dotter werden verquirlt und gesalzen und das Gemisch wird aufs Mehl geschüttet. Dann wird der Teig mit den Knethaken abgeschlagen, bis er seidig glatt ist und sich vom Schüsselrand löst.

(Zu besprechen ist noch die richtige Konsistenz des Teiges, weil »ein knappes Achterl Milch« ja keine exakte Mengenangabe ist. Aber leider geht es nicht exakter, denn es hängt von der Mehlsorte und der Dottergröße ab, wie viel Milch der Teig will. Dass der Teig zu dünn ist, merken Sie, wenn er es nicht schafft, sich vom Schüsselrand zu lösen und um die Knethaken rum zu einer Kugel zu formen. Zu fest ist der Teig, wenn er an den Knethaken bedrohlich hochklettert. Richtig ist er, wenn er wie ein dicker Kinderpopo in der Schüssel liegt und Sie ihm mühelos quer durch mit den Knethaken eine adrette Popo-Furche ziehen können. Und dass Sie zu dünnem Teig etwas Mehl und zu dickem Teig etwas Milch spendieren müssen, ist ja wohl klar, oder?)

Ist der Teig perfekt, decken Sie ihn für 20 Minuten mit einem Hangerl zu. Hernach kippen Sie ihn auf ein bemehltes Brett und rollen ihn mit einem Nudelwalker zu einem kinderfingerdicken Fleck. Mit einem kleinen Krapfenausstecher (ein Glas tut es auch) stechen Sie dann Kreise aus der Teigplatte. Auf jeden Kreis platzieren Sie ein Teelöfferl Fülle und formen aus den belegten Kreisen kleine Knöderln. Die tauchen Sie – eins nach dem andern – in die zerlassene Butter und schlichten sie – dicht an dicht und mit der Verschlussstelle nach unten – in eine Pfanne.

Aber Achtung! Nehmen Sie keine zu große Pfanne. Könnte sonst sein, dass Sie den Teig aufgebraucht haben, aber die Pfanne noch nicht voll ist. Sie muss aber unbedingt voll sein! Falls es Ihnen doch passiert ist, dass Sie die Pfanne zu groß kalkuliert haben, müssten Sie »pfuschen« und aus Alufolie oder Backpapier in der Pfanne einen »Zaun« hinter der letzten Buchtelreihe errichten. Und damit der Zaun nicht umkippt, den leeren Pfannenteil mit getrockneten Bohnen, Erbsen oder Linsen füllen. Widerstrebt es Ihnen, Nahrung derart zu verwenden, könnten Sie auch leere Tassen hinter den Zaun stellen.

Die so oder so gefüllte Pfanne bleibt nun wieder 20 Minuten stehen, dann kommt sie für zwanzig Minuten ins auf 180 Grad vorgeheizte Backrohr. Falls Ihnen von der zerlassenen Butter ein Rest geblieben ist, streichen Sie den nach halber Backzeit mit einem Küchenpinsel auf die Dukatenbuchteln.

Ich garantiere Ihnen: Die Mühe lohnt sich!

E

wie Ezzes (Einzahl ungebräuchlich, aber möglich: der Ez)

Ezzes, also Ratschläge bzw. Tipps, kann der unperfekte Mensch sowieso immer brauchen, und jeder, der das Koch-Handwerk nicht profimäßig erlernt hat, sondern mit der Methode »Versuch und Irrtum« in der Küche zu Gange ist, sollte für Ezzes von echten Könnern besonders aufgeschlossen sein. Nur ist halt leider nicht jeder, der großzügig seine Ezzes verteilt, auch ein echter Könner, also muss der aufnahmebereite Ezzes-Empfänger erst recht wieder mit der Methode »Versuch und Irrtum« die Ezzes-Spreu vom Ezzes-Weizen trennen. Und Spreu gibt es da reichlich!

Nehmen wir zum Beispiel so eine simple Angelegenheit wie das Zwiebelschneiden und die Vermeidung von Tränen bei selbigem. Da habe ich bisher an Ezzes gehört und gelesen:

Die geschälten Zwiebelhälften kurz unter kaltes fließendes Wasser halten. Nur durch den Mund, aber keinesfalls durch die Nase ein- oder ausatmen.

Die geschälten Zwiebelhälften eine Minute in warmes Wasser tauchen.

Und schließlich: Beim Zwiebelschneiden eine Schibrille aufsetzen.

Alles Humbug! Selbst wenn man die Zwiebelhälften zuerst unter kaltes Wasser hält, sodann in warmes taucht, eine Schibrille aufsetzt und nur durch den Mund atmet, tränen einem je nach Zwiebelqualität – umso frischer geerntet, umso tränentreibender – die Augen. Das Einzige, was den Tränenfluss in erträglichen Grenzen hält, ist ein satanisch scharfes Messer. Das habe ich selbst rausgekriegt, ganz ohne fachmännischen Ratschlag. Aber bittschön: Bevor Sie diesen Ez von mir beherzigen, überlegen Sie, ob Ihnen ein paar Tränen beim Zwiebelschneiden nicht doch lieber sind als viele Tränen wegen einer abgesäbelten Fingerkuppe. Übrigens: Kaum zu kriegen sind brauchbare Ezzes, wenn es darum geht, einen ganz bestimmten »Fehler« zu erzeugen. Doch, doch, das kann hin und wieder gewünscht werden! Zum Beispiel von meiner Tochter. Die wünscht sich seit langem von mir »Oma-Schnitzeln«, weil das angeblich die besten Schnitzel der Welt gewesen sind.

Meiner Mutter Schnitzel, aus dem Kalbsrücken geschnitten, hatten eine merkwürdige Panier. Die war nicht, wie sich das für ein ordentliches Wiener Schnitzel gehört, »wellig souffliert« und sie überzog auch nicht brettleben das Fleisch. Meiner Mutter Schnitzel sahen »hochschwanger« aus. Am Rand haftete die Panier etwa zwei Finger breit am Fleische, den inneren Schnitzelteil überwölbte eine gewaltige Panierblase.

Seit einem Jahrzehnt versuche ich nun, meiner Tochter zuliebe so ein hochschwangeres Schnitzel zu produzieren, und schaffe es nicht. Und keiner der vielen Könner, die ich kenne, kann mir sagen, wie Schnitzeln eine kinderfaustgroße Blase aufzuzwingen wäre.

Ganz besonders zu warnen ist vor allen »Sparmeister-Reste-Verwertungs-Ezzes«. Ich besitze aus dem Nachlass meiner Oma ein blaues Vokabelheftchen, voll geklebt mit kleinen Zeitungsausschnitten, à la »Was lässt sich aus übrig gebliebenem Erdäpfelpüree machen?« und »Wie verwerte ich Eiklar?« und »Was tun mit altem Brot?«

Aus dem alten Brot etwa, steht im Vokabelheftchen, könne man nahrhafte Brotsuppe kochen, indem man es klein schneidet, in Rindsuppe quellen lässt, mit dem Schneebesen verschlägt, Salz und Majoran dran tut und aufkocht. Angesichtes des grausigen Gatsches, den dieses Rezeptchen ergibt, kann man nur fragen: »Und wie verwerte ich Brotsuppe, die keiner essen will?« Aber dafür ist im Vokabelheftchen kein Hinweis zu finden.

Brauchbare Ezzes gibt es aber auch! Den allerbesten, das perfekte »Rosa-Braten« von Steaks betreffend, möchte ich Ihnen nicht vorenthalten. Also:

Die 2er-Steaks
(passend für damendaumendicke Filet-Steaks)

Sie tun reichlich Öl in ein Schüsselchen, legen die Steaks rein, spannen Frischhaltefolie über das Schüsselchen und stellen es für 2 Tage in den Eisschrank. Das macht das Fleisch nämlich supermürbe.

2 Stunden bevor Sie die Steaks braten wollen, holen Sie das Schüsselchen aus dem Eisschrank, damit das Fleisch Zimmertemperatur annimmt. Eisschrankkalte Steaks müssten zu lange braten.

Ist es Zeit zum Braten, machen Sie eine schwere Pfanne, am besten eine beschichtete, auf dem Herd heiß. Öl müssen Sie keines rein tun, denn Ihre Steaks sind ja ohnehin fetttriefend.

Ist die Pfanne heiß, legen Sie die Steaks rein und braten sie zuerst 2 Minuten auf der einen Seite, dann 2 Minuten auf der anderen Seite an.

Nun stellen Sie die Pfanne neben dem Herd ab und decken die Steaks mit Alu-Folie zu. Und zwar glänzende Folienseite nach außen! So lassen sie die Steaks 2 Minuten friedlich ruhen.

Hernach schäumen Sie in einer anderen Pfanne einen ordentlichen Klacks Butter auf und braten die Steaks noch mal – wieder beidseitig – 2 Minuten.

Wann Sie die Steaks salzen sollen, ist Ansichtssache! Keinesfalls kommt das Salz ins Marinier-Öl. In das dürfen Sie höchstens ein Zweiglein Rosmarin oder Thymian legen, falls Sie für Kräuteraroma was übrig haben. Aber ob man Steaks vor dem Braten im Öl oder erst nach dem Braten in der Butter salzen soll, darüber sind sich die erlesensten Könner unter den Ezzes-Gebern nicht einig.

Die Hinterher-Salzer behaupten, ihre Methode verhindere das Austreten von Fleischsaft beim Rasten.

Die Vorher-Salzer behaupten, hinterher appliziertes Salz würze bloß die Oberfläche der Steaks, ein gutes Steak solle aber durch und durch gewürzt sein, und das sei es nur, wenn es gesalzen gebraten werde.

Ich neige eher der Meinung der Vorher-Salzer zu. Weil ich aus Erfahrung weiß, dass ungesalzene Steaks beim Ruhen auch allerhand Fleischsaft abgeben, das Salz-Verbot also ziemlich für den Hugo ist. Anderseits hat sich noch niemand bei mir beschwert, wenn ich hinterher gesalzene Steaks serviert habe. Also gestatte ich mir, als abschließenden Ez zu sagen: Es ist Jacke wie Hose, wann die Steaks gesalzen werden!

F

wie Fernsehkoch

Ich gestehe es schamrot ein: Ich bin süchtig nach TV-Kochsendungen. Und da meine beiden Haushalte – der städtische wie der ländliche – verkabelt bzw. satellitenschüsselbestückt sind, gibt es reichlich Gelegenheit für mich, dieser Sucht zu frönen.

Im ländlichen Haushalt, wo mir der brave Astra-Satellit an die hundert Programme in die gute Stube liefert, kann ich sogar türkischen, arabischen, spanischen, italienischen, englischen und portugiesischen Köchen beim Hantieren zuschauen. Was diese Herren mit ihren Assistentinnen – nur in raren Ausnahmefällen steht ihnen ein männliches Wesen zureichend bei – parlieren, verstehe ich fremdsprachlich unbedarftes Wesen freilich nicht, aber das ist ja auch nicht nötig. Ich genieße einfach den Anblick edelster Zutaten und erfreue mich an der grazilen Eleganz der kochmeisterlichen Arbeitsweise.

Wie so ein Superprofi zum Beispiel händisch, so ganz locker aus dem Handgelenk, mit einem Schneebesen blitzschnell aus sechs glitschigen Eiklar eine schnittfeste Masse zaubert, ist himmlisch anzusehen. Unsereiner, wenn er durch widrige Umstände zum simplen Schneebesen greifen muss, braucht zum »schnittfesten Schnee« zehnmal so lange (wenn er ihn überhaupt mit dieser Uraltmethode schnittfest hinkriegt) und hat hinterher ein geschwollenes Handgelenk.

Auch der Superprofis Umgang mit großen, scharfen Messern ist eine optische Attraktion erster Güte! Ganz egal, ob es darum geht, eine Karotte auf exakte Würfelchen von zwei Millimetern Kantenlänge zu schnipseln, ein Krauthapperl in engelshaarfeine Fädchen zu zerteilen oder einen Tortenboden in sieben hauchdünne Tortenblätter zu schneiden, ein Fernsehkoch schafft das, als wäre es ein babyleichtes Kinderspiel.

Dass einem die Fernsehköche dabei helfen, Probleme, die man beim Kochen gewisser Speisen hat, aus der Welt zu schaffen, darf man sich allerdings nicht erwarten. Zumindest wenn es um meine Probleme geht, haben mich die werten Superprofis bisher immer enttäuscht.

Mit dem Mürbteig etwa habe ich so mein Problem. Da bin ich etwas verunsichert, ob meine »Butterflöckchen« auch wirklich klein genug sind, ob ich beim »Abbröseln« nicht zu lang rumpfusche (weil die Wärme der Finger angeblich die Butter zu weich macht) und wie das exakte »Zusammendrücken« (kneten darf man den Kerl ja nicht) vor sich zu gehen habe.

Natürlich krieg ich einen Mürbteig hin! Nur nagt halt jedes Mal in mir der Zweifel, ob ich ihn auch wirklich optimal hingekriegt habe. Und so verschiebe ich sogar enorm wichtige Termine, wenn ich dem Fernsehprogramm entnehme, dass ein Fernsehkoch irgendetwas aus Mürbteig fabrizieren wird. Gespannt hocke ich dann vor meinem Fernseher, willig, jedes Detail der Mürbteig-Erzeugung wie ein trockener Schwamm aufzusaugen.

Aber Schnecken! Der Herr in Koch-Weiß schnipselt zwecks Erzeugung einer Quiche Lorraine Speck und Lauch klein, verquirlt etliche Eier mit reichlich Obers, äußert sich eingehend dazu, wie man das Eier-Obers zu würzen habe und dass man von den Lauchstangen nur das Weiße, aber nicht das Grüne nehmen dürfe, greift dann nach einer Tarte-Form und spricht heiter: »Die Form habe ich mir bereits vor der Sendung mit Mürbteig ausgekleidet.« Und macht der Herr in Koch-Weiß keine Quiche, sondern weihnachtliche Spitzbuben-Kekse, holt er sich dazu ebenfalls eine »bereits vorbereitete« Kugel Mürbteig aus dem Eisschrank.

Irgendwie ziemlich unfair ist es auch, wenn der Fernsehkoch der Kamera ein Stück Milchlammrücken hinhält, aus dem eine Reihe total blank geputzter Rippen ragen und dazu erklärt: »Die Rippchen habe ich vor der Sendung freigeschabt.«

Wer – so wie ich – schon mehrmals mit minimalstem Erfolg diese Freischaberei versucht hat, würde nämlich schrecklich gern sehen, wie man das erfolgreich erledigt!

Und der nette fernsehköchliche Hinweis, dass man, um sich die Arbeit zu sparen, den Fleischhauer seines Vertrauens mit der Freischabe-Arbeit beauftragen möge, ist wahrlich auch nicht gerade das Gelbe vom Ei! Die Fleischhauer meines Vertrauens wenigstens empfänden diese Service-Leistung garantiert als Zumutung. Und selbst wenn mir einer von ihnen zu Willen wäre: Die auf Bedienung wartende Kundschaft, die sich hinter mir ansammeln würde, während der Fleischhauer meines Vertrauens für mich Ripperln schabt, könnte mir in Lynchjustizmanier gefährlich werden.

Lehrreich sind Kochsendungen aber trotzdem, denn man lernt allerlei – für den möglichen Bedarfsfall – Nützliches. Etwa, dass man den blanchierten Krautblättern, die man für die Krautwickel braucht, die naturgegebene Wölbung austreiben kann, indem man sie zwischen zwei Geschirrtücher platziert und dann mit dem Boden einer gusseisernen Stielpfanne zärtlich auf das zu oben liegende Geschirrtuch wummert.

Oder dass die weiche Topfenknöderlmasse am besten mit einem Eisportionierer in Kugelgestalt gebracht wird! Dumm ist nur, dass einem das erst wieder einfällt, wenn man die weiche Topfenknöderlmasse vor sich hat und der nächste Laden, der Eisportionierer feilbietet, in unzumutbarer Entfernung liegt.

Und dass man die Stängel der Brokkoli-Röschen schneller weich kriegt, wenn man sie kreuzweise einschneidet, hat mir auch ein Fernsehkoch beigebracht. Allerdings verabscheue ich Brokkoli und habe daher leider keine Gelegenheit, dieses Wissen in die Tat umzusetzen.

Aber sehr nützlich fand ich auch den Hinweis, dass Langustinen am Schwanze hellrosa sein müssen, um als »wirklich frisch« gelten zu dürfen. Der Tipp hat mir bereits enorm viel Geld erspart, denn seit ich das weiß, inspiziere ich das Langustinen-Angebot auf dieses Merkmal hin und enthalte mich des sündteuren Ankaufs, weil ich weit und breit keinen hellrosa Langustinenschwanz entdecken kann.

Natürlich habe ich auch meine speziellen Lieblinge unter den Fernsehköchen. Das sind klarerweise die, die kochen, was mir mundet, also nicht auf die Idee kommen, mich mit Schweinshaxlsuppe, Karpfengulasch, gebackenem Kalbskopf, gerösteten Nieren und dergleichen Zumutungen denn doch ein Häuchlein zu frusten.

Obwohl es unter den Fernsehköchen auch ein paar ganz toll begnadete Akteure gibt, die es schaffen, derart begeistert über das zu reden, was sie gerade produzieren, dass einem urplötzlich eine seit Kindertagen verhasste Grausspeise als edler Leckerbissen erscheint. Diese Sinnesänderung währt freilich üblicherweise nur so lang, wie der Koch-Magier auf dem Bildschirm ist. Setzt der Abspann ein, wird man gottlob wieder vernünftig und weiß, was dem eigenen Gaumen frommt.

Ein zum Thema »Fernsehkoch« passendes Rezept kann ich nicht anbieten, bloß einen Wohlfühlratschlag für die Kocharbeit hätte ich anzudienen, den ich mir von einem bei der Londoner BBC werkenden italienischen Fernsehkoch abgespickt habe: Begleitet von äußerst lauter italienischer Opernmusik fällt das Arbeiten in der Küche besonders leicht!

G

wie Gourmet, Gourmand, Gastronom und Gastrosoph

Dröseln wir am besten zuerst einmal diese vier ehrenwerten G-Herrschaften ordentlich auseinander! Also: Ein Gourmet, das sagen mir meine zwei dicken kulinarischen Lexika, war ursprünglich bloß ein »Weinkenner«. Seit langer Zeit aber schon gilt ein Mensch, der gutes Essen zu schätzen und zu würdigen weiß, als Gourmet.

Darüber, was ein Gourmand ist, sind meine zwei kulinarischen Lexika konträrer Meinung. Das eine hält den Gourmand für einen »Vielfraß« bzw. eine »genäschige Person«, das andere weist darauf hin, dass man oft »fälschlich« einen Vielfraß als Gourmand bezeichnet, selbiger aber in Wahrheit ein Feinschmecker sei, der weiß und genießt, was er isst.

Ein Gastronom, da sind sich meine zwei kulinarischen Lexika wieder einig, ist ein Feinschmecker, der sich in der guten Küche und der Geschichte und der Zubereitung der Speisen auskennt und ein Kochkünstler ist. Jeden Restaurantbesitzer, wie das heutzutage üblich ist, »Gastronom«

und das ganze Gewerbe »Gastronomie« zu nennen, dürfte daher nicht ganz den beinharten Tatsachen entsprechen, weil Wirte, die dieser Gastronomen-Definition Genüge tun, doch eher eine Rarität sind.

Und der Gastrosoph (von altgriechisch: gaster = Magen, sophos = weise) ist kein Facharzt mit dem Spezialgebiet Gastritis, sondern – wieder laut beider Lexika – ebenfalls ein Feinschmecker. Einer, der die Speisen und Getränke mit Sorgfalt auswählt, der Tafelfreuden weise zu genießen und klug über sie zu debattieren weiß.

Feinschmecker sind also alle vier Herrschaften! Beziehungsweise nur drei, falls der Gourmand bloß ein Vielfraß sein sollte. Aber auf alle Fälle muss nur der Gastronom das »gute Essen« selbst kochen können. Die anderen drei brauchen es bloß mit Genuss zu essen und in wohl gesetzten Worten darüber parlieren zu können, um sich ihre honorigen Titel zu verdienen.

Eine Frage zum »Feinschmecker« ergibt sich für mich trotz der ausführlichen lexikalischen Grundinformation aber noch: Der Feinschmecker – so weit ist mir das ja klar – hat einen feinen Gaumen! Und so ein feiner Gaumen erkennt Qualitätsunterschiede von Nahrung besser als ein Durchschnitts-Gaumen. Wenn also, sagen wir mal, sieben »feine Gaumen« sieben verschiedene Butter-Proben, alle von bester Qualität, testen, werden alle sieben »feinen Gaumen« kraft ihrer elitären Geschmackspapillen unisono dieselbe Buttersorte zur allerbesten erklären, während sieben Durchschnitts-Gaumen keinerlei Unterschiede zwischen den sieben Butter-Proben erkennen werden.

Das Problem ist aber nun: Ein »feiner Gaumen« kann zudem ein »enger« oder ein »weiter« Gaumen sein! Der »enge, feine« Gaumen schätzt nur ein beschränktes, also enges Segment des gesamten Nahrungsangebots, der »weite, feine« Gaumen hingegen mag alles Essbare, wenn es optimal zubereitet ist.

Und so frage ich mich: Ist auch der Eigner eines feinen, engen Gaumens ein Feinschmecker, oder darf sich nur der Eigner eines feinen, weiten Gaumens Feinschmecker nennen? Als Besitzerin eines »feinen, engen« Gaumens ist das für mich eine wichtige Frage, weil ich klarerweise auch gern als Feinschmeckerin gelten würde. Bei der Buttersorten-Verkosterei könnte ich sicher mithalten, aus sieben Morchelsoßerln würde ich garantiert das Köstlichste rausschmecken und die 1 A-Qualität eines perfekten Erdäpfel-Gratins kann ich nicht nur erschmecken, ich kann so ein perfektes 1 A-Erdäpfel-Gratin sogar selbst herstellen!

Bloß weigert sich halt mein Gaumen entschieden, gewisse Feinschmecker-Köstlichkeiten wohl wollend anzunehmen. Kutteln etwa, aller anerkannten Feinschmecker höchste Gaumenfreude, munden meinem Gaumen leider gar nicht, selbst wenn sie mir in einem Vier-Hauben-Lokal serviert werden. Und vor dem glasigen Nierenfettmantel, der eine gebratene Kalbsniere einkleidet und angeblich einen himmlisch-nussigen Geschmack hat, graust mir dermaßen, dass ich kein Fuzerl davon über die Lippen kriege. Und das berühmte i-Tüpferl auf der Tafelspitzschnitte, das Markscheiberl, das Feinschmecker mit einem verzückten »Ohhh« begrüßen, bugsiere ich diskret unter das Häuflein

Kohlrabi-Gemüse, das ich auch verschmähe. Zudem sind Genüsse wie Seespinnen, spaghettidünne Babyaale und Austern meine Sache nicht. Und gibt es Kaviar mit Blinis, so sind mir – ich gestehe es schamrot – die Blinis weit lieber als der Kaviar.

So sehr es mich auch grämt, ich muss mir wohl selbst attestieren, *kein* Feinschmecker zu sein. Ich bin sichtlich bloß – wie man es in Wien nennt – »eine hagliche Zezn«, was zu Hochdeutsch eine heikle, am Essen gern rummäkelnde Person ist.

Als Gourmet-Gourmand-Gastronom-Gastrosoph-Rezept hätte ich »Tiramisu-Christine« anzubieten, das mit dem stinknormalen Tiramisu aus gekauften Biskotten und hurtig zusammengerührter Mascarpone-Creme wenig gemein hat. Aber ich warne! Mühe macht diese Köstlichkeit schon. Für die, die sich die Mühe machen wollen, zuerst einmal die Zutaten.

Für *Tiramisu-Christine* brauchen wir:

5 Eier
120 Gramm Zucker
60 Gramm Mehl und 60 Gramm Maizena
1 Prise Salz
6 Dotter
80 Gramm Zucker
5 Esslöffel Medium-Sherry
370 Gramm Mascarpone
3 Blatt Gelatine
2 Becher Schlagobers

1/4 l starken Mocca
5 Esslöffel Medium-Sherry
Kakao zum Überpudern
Zudem: Backpapier. Und für »Anfänger« tunlichst ein Küchen-Thermometer.

Zuerst machen wir das Biskuit. Da wir einen rechteckigen Kuchen wollen, brauchen wir keinen Tortenreif, sondern ein Backblech. Das belegen wir mit Backpapier. Backbleche eines normalen Rohrs haben ein »Innenmaß« von 31 cm mal 39 cm, dafür sind die angegebenen Zutaten gedacht. Sollte ihr Backblech von diesen Maßen ein wenig abweichen, spielt das keine Rolle. Ist das Blech mit Backpapier ausgekleidet, heizen wir den Backofen auf 180 Grad vor.

Dann tun wir Eier, Zucker und Salz in einen Schneekessel und machen in einem Topf Wasser heiß. Heiß, aber nicht kochend heiß! Nun hängen wir den Schneekessel in den Topf und schlagen das Eier-Zucker-Gemisch mit einem Schneebesen schaumig, wobei wir hin und wieder das Thermometer ins Gemisch stecken um zu verhüten, dass die Eier-Zucker-Mischung heißer als 70 Grad wird.

Ist die Sache schaumig, nehmen wir den Schneekessel vom Topf, stellen ihn in eine Schüssel mit Eiswürfeln und greifen zum Handmixer, um unser ohnehin schon strapaziertes Handerl zu schonen. Mit dem Mixer rühren wir den Schaum, bis er kalt ist, dann sieben wir Mehl und Maizena drüber und ziehen beide Mehlsorten locker und zügig unter.

Nun streichen wir die Masse auf das Backblech. Das geht am besten mit einer Winkel-Palette, aber wer hat die schon! Eine Teigkarte tut es auch. Jetzt kommt das Blech ins heiße Rohr, wo es zehn bis fünfzehn Minuten bleibt. So lange jedenfalls, bis es zart goldbraun ist.

So, das Biskuit ist geschafft, das muss auskühlen, und wir können uns der Füllung zuwenden. Zuerst machen wir wieder Wasser im Topf heiß und tun Dotter, Zucker und diesmal auch den Sherry in den Schneekessel, hängen ihn ins heiße Wasser und schlagen mit der Schneerute drauflos. Und kontrollieren wieder mit dem Thermometer! Ist das Gemisch dick-schaumig, kommt es auf Eiswürfel und wird mit dem Mixer kalt gerührt. Dann wird löffelweise der Mascarpone dazugetan.

Nun wird die Gelatine in kaltem Wasser eingeweicht und das Obers steif geschlagen. Ist die Gelatine glitschig, wird sie ausgedrückt, in einer Winzigkeit heißem Wasser aufgelöst, mit einem Klacks Schlagobers vermischt und hernach unter die Sherry-Creme gerührt. Schließlich wird der Rest vom Schlagobers schön behutsam untergehoben.

Die Biskuitplatte dürfte inzwischen ausgekühlt sein und wird halbiert. Dann wird der Kaffee mit den fünf Löffeln Sherry vermischt. Die Hälfte der Mischung wird auf eine Biskuithälfte geträufelt und die Hälfte von der Sherry-Creme draufgestrichen, die zweite Hälfte vom Biskuit drübergelegt und mit dem Rest vom Kaffee-Sherry getränkt. Abschließend kommt die zweite Portion Sherry-Creme aufs getränkte Biskuit, dann werden die Ränder des köstlichen Rechtecks mit einem superscharfen Messer artig zurechtgeschnitten, schließlich wird die Herrlichkeit mit Kakao übersiebt.

Um den vollen Geschmack zu entfalten, sollte das »Tiramisu-Christine« etliche Stunden, am besten aber einen Tag lang, im Eisschrank vor sich hin träumen.

H

wie Heinzelmännchen (helfende)

Kein vernünftiger Mensch wird bestreiten, dass moderne Haushaltsgeräte ein wahrer Küchen-Segen sind! Hätten wir diese elektrischen »Heinzelmännchen« nicht, wäre Kochen weit mehr Mühe als Spaß. Einen Germteig nicht, wie Uroma selig, mit dem Kochlöffel abschlagen zu müssen, sondern ihn der Küchenmaschine zu überantworten, ist eine Wohltat. Und drei Minuten mit dem Handmixer durchs Dotter-Zucker-Gemisch zu surren, ist auch einfacher, als eine halbe Stunde mit dem Kochlöffel stetig im Uhrzeigersinn zu rühren. Die Vorzüge eines Blitzhackers, einer Zitruspresse, eines Toasters und einer Espressomaschine sind ebenfalls hoch zu rühmen. Lauter allerliebste Heinzelmännchen sind das, und sie arbeiten für uns gottlob nicht nur des Nachts wie ihre Kölner Vorfahren.

Aber: In meiner Küche gibt es halt nicht nur diese emsigen, tagtäglich wacker arbeitenden Heinzelmännchen, da gibt es leider auch etliche Heinzelmänner in »Frühpension«, die hinter den diversen Schranktüren ihr Stauraum okkupierendes Ausgedinge haben.

Da lagert zum Beispiel sehr voluminös und sehr gewichtig eine vollautomatische, original italienische Pasta-Maschine. In die schüttet man Mehl, Eier und Salz, drückt auf den Startknopf und flugs quillt Pasta aus ihr. Breite Bandnudeln oder dünne Spaghetti, Penne oder auch Gnocci, je nachdem halt, welche »Vorsatzscheibe« man aufgeschraubt hat. Zumindest behauptet das die Gebrauchsanweisung. Geschenkt hat mir diesen edlen Automaten eine Freundin mit den geseufzten Worten: »Ich komme mit dem komischen Ding nicht zurecht, vielleicht schaffst du es!«

Ich schaffte es auch nicht. So sehr ich mich mühte, die edle Maschine spuckte bloß krümelige Bröckerl, wenn sie nicht überhaupt an Verstopfung litt. Und versuchte ich die Verstopfung durch Beigabe von Flüssigkeit zu kurieren, bekam sie – Pardon! – furzigen Dünnpfiff. Jedenfalls erzeugte sie in gut einem Dutzend von Versuchen keine einzige passable Nudel. Und nach jedem Misserfolg war der blöde Krempel komplett zu zerlegen und zu säubern!

Neben der frühpensionierten vollautomatischen Pasta-Maschine logiert die vollautomatische Eismaschine, ebenfalls eine gut erhaltene Frührentnerin. Sie ist zwar durchaus fähig, selbstständig Eis zu erzeugen, braucht dazu aber mindestens ein gutes Stündlein und veranstaltet während dieser Zeit einen enervierenden Höllenlärm. Und besser als das Eis vom Italiener, von dem man es in einer Styroporbox heimtragen kann, war mein selbst produziertes halt auch nicht. Wobei das Italiener-Eis noch den Vorzug hat, dass man sich ein halbes Dutzend Sorten ins Styropor füllen lassen kann, während meine Höllenlärm-Maschine klarerweise nur eine Eissorte produzierte.

Die Saftzentrifuge funktionierte zwar klaglos, aber ich habe sie trotzdem pensioniert, weil die lieben Leute, mit denen ich in einem Haushalt lebe, zwar hin und wieder in ihr Karotten entsaftet haben, jedoch nie gewillt waren, das Ding hinterher zu reinigen. Und im Sommer, wenn es heiß ist, schimmelt Karottenpampe im Nu, und was nicht schimmelt, trocknet zu einem steinharten Belag auf, und der ist dann vom feinporigen Zentrifugen-Sieb nur sehr, sehr mühsam zu entfernen.

Den Dampfgarer hatte ich gekauft, weil in ihm Gemüse im zarten Dampf, der dem zuunterst eingefüllten Wasser entweicht, besonders schonend gegart wird. Bloß hatte ich – wie das ja üblich ist – die beigepackte Gebrauchsanweisung erst nach dem Ankauf gelesen und ihr dann entsetzt entnommen, dass man weder das eingefüllte Wasser noch das darüber liegende Gemüse salzen dürfe. Salzen, erklärte mir die Gebrauchsanweisung, dürfe man das Gemüse erst nach der Entnahme aus dem Garer. Und das – bitte schön! – ist eine kulinarische Ungeheuerlichkeit!

Außerdem logieren in meinem kücheninternen »Heinzelmännchen-Rentnerheim« an elektrisch bzw. mit Batterie zu betreibenden Geräten:

1 Waffeleisen (weil niemand Waffeln mag)

1 Crêpe-Platte (weil Crêpes im Pfandl besser werden)

1 Grill (weil Grill ohne Holzkohle gar nichts bringt)

1 Kaffeemühle (weil es bequemer ist, geriebenen Kaffee zu kaufen)

1 Joghurtbereiter (weil es reichlich käufliches Joghurt gibt)
1 Parmesanreibe (weil das Reiben auf dem Reibeisen schneller geht)
1 Wasserkocher (weil der überhaupt ein Unfug ist)
1 Kornmühle (weil meine Bio-Vollkornbrot-Bäckerei unbedankt blieb)
1 Dörrapparat (weil niemand braune, zähe Apfelringe kauen will)

Und zudem lagert in meiner Abstellkammer ein allerfeinstes Mikrowellen-Gerät. Gekauft habe ich es, weil ich es so toll fand, dass darin Semmelknödel in 1,5 Minuten gar werden. Ein Jahr lang hat mir das Ding 70 cm Arbeitsplatte in der Küche verstellt. Kein einziges Mal habe ich in dieser Zeit Semmelknödel in der Mikrowelle gemacht. Warum auch? Wenn der Schweinsbraten sowieso zwei Stunden im Backrohr brutzelt, spielt es nämlich überhaupt keine Rolle, ob die Knödel zwanzig oder eineinhalb Minuten brauchen! Ich bin halt, kochmäßig gesehen, kein Mikrowellen-Typ, sondern ein Slow-Cook-Typ.

Und jetzt liebäugle ich seit geraumer Zeit mit der Anschaffung einer Fritteuse. Angeblich wird darin nämlich alles, was im Fett »schwimmen« muss, optimal gebacken. Und in einem Küchenschrank, ganz oben im letzten, nur über die Küchenleiter zu erreichendem Regal, wäre ja auch noch ein »Heim-Platzerl« frei, falls ich dahinter komme, dass ich die Faschingskrapfen doch lieber in einem großen Reindl schwimmen lasse.

Nun muss ein echtes Heinzelmännchen-Rezept serviert werden. Also eines, das sich – wie man so sagt – »fast von selber kocht« und zudem nur mit Hilfe eines Heinzelmännchens mühelosest zu machen ist. Es geht um *Zandernockerln*.

Dazu brauchen wir für 2 Portionen:
1/4 Kilo Zanderfiletwürfel
2 dl Obers
Salz und weißen Pfeffer
Sämtliche Zutaten müssen sehr gut gekühlt sein!

Die Zanderwürfel kommen in den Blitzhacker, werden gesalzen und gepfeffert und unter zizerlweiser Beigabe von Obers zu einer glatten, homogenen Masse verarbeitet.

Wasser wird gesalzen und auf 90 Grad erhitzt. (Wenn vom Topfboden kleine Bläschen aufsteigen, aber das Wasser noch nicht blubbert, dürften 90 Grad erreicht sein.)

Aus der Zanderfarce werden mit einem nassen Löffel Nockerln abgestochen und ins heiße Wasser gelegt, wo sie etwa 10 Minuten ziehen.

Dazu passt zum Beispiel eine Dillsoße, und wie man die macht, ist jedem stinknormalen Kochbuch zu entnehmen.

I

wie Innereien

An den Innereien – so lese ich immer wieder bei den Restaurant-Kritikern – beweisen die wahren Meisterköche ihre wahre Meisterschaft. Ich bezweifle das ja keineswegs, bloß frage ich mich: Wie viele seiner zahlenden Gäste schätzen so eines wahren Meisterkoches Hang zur Innereienverwertung?

Ich bin freilich keine wahre Meisterköchin; aber erkundige ich mich vorsorglich bei den lieben Leuten, die ich zu bewirten gedenke, was sie denn *nicht* auf ihren Tellern zu sehen wünschen, so höre ich mit schöner Regelmäßigkeit: »Ich mag so ziemlich alles, bloß keine Innereien, bitte!«

In meinem gar nicht kleinen Freundeskreis (Familienmitglieder inklusive) gibt es gerade drei Personen, denen ich Kalbs- oder Lammleber servieren darf, und zwei von den dreien goutieren auch Beuschel, Hirn und Zunge vom Kalb. Aber Kutteln, Herz, Magen, Milz, Bries oder gar Euter liebt niemand, den ich kenne. Obwohl Innereien besonders reich an Nährstoffen und Vitaminen sind, also wesentlich »wertvoller« als Muskelfleisch.

Vom Standpunkt einer gestressten Köchin aus gesehen

ist diese allgemein verbreitete Innereien-Phobie nicht weiter beklagenswert, denn abgesehen von der Kalbsleber, die wenig Mühe macht, ist die Innereien-Verarbeitung eine ziemlich mühselige, mitunter auch sehr lästige.

Es liest sich ja recht simpel, wenn zum Beispiel im Kochbuch steht: »Das Kalbshirn in reichlich kaltes Wasser legen und die Hirnhaut ablösen.«

Nur löst sich diese verflixte Hirnhaut halt leider nicht so willig vom Hirn wie die Schale von einer Mandarine. In Quadratzentimeter-Fuzerln muss man sie runterzupfen, und das kann ungeduldige Köche einigermaßen frustrieren.

Noch wesentlich mehr Geduld braucht der Kalbsbeuschel-Erzeuger! Gab es bei meiner Großmutter zu Mittag Beuschel, fing die gute Frau zehn Minuten nach sieben Uhr mit »der Kocherei« an.

Zuerst wurden Herz und Lunge gewässert, dann mit Wurzelwerk an die zwei Stunden (Herz länger, Lunge kürzer) weich gekocht, hierauf wurde die Lunge zwischen zwei Schneidbretter gelegt und mit sämtlichen im Haushalt vorrätigen Gewichten beschwert, damit möglichst viel Luft aus den Lungenbläschen entweicht und das Beuschel dadurch weniger »schwammig« wird.

War das geschafft, fing die Schnipselei an. So eine Lunge ist ja keine homogene Masse, sondern mit Röhren verschiedener Dicke durchzogen. Nur eine stock-stinkfaule Hausfrau, pflegte mich meine Oma beim Werken am Lungenklumpen zu belehren, schneidet das Beuschel ohne Rücksicht auf diese Röhren kurz und klein. Eine gute

Hausfrau mutet den Essern diese Röhren nicht zu und operiert sie raus. Und das dauert eben seine Zeit!

Was die Zeit für die Zubereitung angeht, übertreffen die Kutteln das Beuschel noch spielend. Gewaschene, geputzte Kutteln müssen so an die viereinhalb Stunden gekocht werden, bevor man sie auf Streifen schneiden kann. Und tunlichst ist das Kochwasser während dieser viereinhalb Stunden etliche Male zu wechseln.

So steht es jedenfalls in meinen Kochbüchern. Aus eigener Erfahrung kann ich kuttelmäßig null-komma-pepi beitragen, weil ich Kutteln noch nie gekocht, ja nicht einmal je gegessen habe.

Aus eigener Erfahrung kann ich bloß berichten, dass vor gut fünfzig Jahren mein Großvater den dringenden Wunsch nach »Kuttelfleck« äußerte und meine Großmutter zwar willig war, ihm diesen Wunsch zu erfüllen, sich aber genierte, beim Fleischhauer Birnecker Kutteln zu verlangen. Die galten nämlich damals in Wien als Substandard-Nahrung bzw. Hundefutter. Und zu »die armen Leut, die Hundsfutter essen müssen«, wollte meine Großmutter nicht gezählt werden.

So marschierte sie zum Herrn Birnecker und sagte: »Ich brauch ein paar Kuttelfleck, wir haben für ein paar Tag einen Hund zu Besuch!«

Der Herr Birnecker entschwand in den Kühlraum, kam mit einem prall gefüllten Sack retour, drückte ihn meiner Großmutter in die Arme und sagte leutselig: »Fleck sind heut keine da, aber des fressen die Hund auch gern, kriegens gratis!«

Und meine Großmutter trug einen Sack voll Schlund und Euter heim und entsorgte selbigen vor Betreten der Wohnung im Hof in einem Kolonia-Kübel.

Apropos Euter! Es gibt ein »Berliner Schnitzel«. Dafür wird Kuheuter vier Stunden gewässert, vier Stunden gekocht, auf Scheiben geschnitten, paniert, rausgebacken und mit Erdäpfelsalat serviert. Dies nur zur Warnung, falls Sie je auf einer Berliner Speisekarte diese Spezialität entdecken sollten.

Das Nonplusultra an mich verstörender Innerei bekam ich aber vor vielen Jahren in Montevideo vor die Augen. Das war eine Kette von kleinen Würstchen, die eine Platte mit gegrillten Fleischstücken krönte. Und auf meine Frage, welche Würstchen das denn seien, erklärten mir die lieben Montevideer, die mich ausgeführt hatten: »Das ist eine ganz rare Delikatesse! Das ist Milchkalbsdarm mit Original-Füllung!«

Wie das, was kurze Zeit später ein Kuhfladen geworden wäre, schmeckt, kann ich leider nicht berichten. Ich schaffte die Verkostung nicht; was mir die einladenden Herrschaften aber gottlob nicht übel nahmen. Die verputzten hocherfreut meinen Anteil der raren Delikatesse.

Übrigens: Die teuerste Innerei ist Gänsestopfleber. Hierbei handelt es sich um das kranke Organ eines zwangsüberernährten Vogelviehs.

So man fettige Geilheit schätzt, gut bei Kasse ist und nichts dagegen hat, dass für den eigenen Geschmackspapillenkitzel armen Gänsen Unmengen von Maisbrei oder Erdäpfelmampf per Trichter den Schlund runtergestopft werden, kann man sich sicher an Gänseleber erfreuen. Und nun kommt, das I-Kapitel abschließend, ein Innereien-Rezept für »Anstrengungsvermeider«, also ein Kalbsleber-Rezept.

Kalbsleber natur:

Dazu braucht man pro Person zwei dünne Leberschnitzel, etwas Mehl, etwas Butter, Salz und Pfeffer.

Die Kalbleberscheiben in Mehl wenden, das überschüssige Mehl abbeuteln, die Scheiben in etwas heißer Butter beidseitig braten (pro Seite 2 Minuten), zum Schluss salzen und pfeffern.

Eventuell in einer zweiten Pfanne Zwiebelringe in Butter hellbraun rösten (dies ein paar Minuten vor dem Leberbraten angehen, damit Zwiebel und Leber gleichzeitig fertig werden) und auf die Leberschnitzel platzieren.

Gut nehmen sich auch in Butter gebratene Apfelscheiben auf der Leber aus. Oder in einer trockenen, beschichteten Pfanne knusprig ausgebratener Bacon.

Und wer's gern üppig hat und über vier Kochstellen verfügt, der kann natürlich auch Speck, Zwiebelringe und Apfelscheiben auf die Leber schichten.

J

wie Joghurt und Joule

1 Joule ist – so ungefähr – der vierte Teil einer Kalorie und ebenso wie diese eine internationale Maßeinheit für den Brennwert eines Lebensmittels (1kJ = 0,24 Kcal, und 1 Kcal = 1000 cal und zudem die Wärmemenge, die es braucht, um die Temperatur von 1 l Wasser um ein Grad Celsius zu erhöhen).

Menschen, die mit ihrer Leiblichkeit insofern nicht in Einklang sind, als sie sich zu dick wähnen und diesen Zustand ändern wollen, sind üblicherweise Profi-Joule- bzw. Profi-Kalorien-Zähler. Ob die Bissen, die sie sich versagen oder genehmigen, besser in Kalorien oder in Joule zu berechnen sind, ist Ansichtssache.

Einerseits klingt es doch irgendwie üppiger und daher auch tröstlicher, wenn man sich vornimmt, täglich 4000 Joule bei der Nahrungsaufnahme nicht zu überschreiten, als sich auf mickrige 1000 Kalorien zu beschränken. Anderseits wirkt aber der »Sündenfall« in die Konfektschachtel denn doch etwas lässlicher, wenn man sich bloß an verbotenen 100 Kalorien und nicht an viermal so vielen Joule vergriffen hat. Und speziell pingeligen Gemütern, die total exakt ihren Speisenkonsum berechnen wollen, wird die Joule-Einheit eher konvenieren, weil sie mit ihr in ganzen Zahlen rechnen können und sich nicht mit halben und viertel Kalorien rumschlagen müssen.

Aber egal in welcher der Maßeinheiten so ein Diäthalter rechnet, Joghurt – natürlich nicht das griechische, fette, 10 %ige, sondern das magere 0,3 % inländische – zählt zu den garantierten »Du-darfst-Produkten« und ist im Verbund mit einer Karotte oder einem halben Apfel und einer Scheibe Knäckebrot das übliche Standard-Abspeck-Mahl.

Wahr ist freilich, dass auch Joghurt, egal ob aus Kuh-, Schafs- oder Ziegenmilch, umso besser schmeckt, je höher sein Fettgehalt ist. Weil Fett eben ein idealer »Geschmacksträger« ist. (Den Wahrheitsgehalt dieser Behauptung können Sie leicht an der »kurzen Sauce« überprüfen, die beim schnellen »Abbraten« eines Fleischstückes entsteht. Zuerst schmeckt sie ziemlich »leer«, erst wenn Sie einen Löffel eiskalte Butter untergeschlagen haben, hat sie einen »vollen« Geschmack.)

Also schmeckt fettfreies Joghurt bloß irgendwie sauer und ansonsten nach rein gar nichts, und wenn es sich um mageres Fruchtjoghurt handelt, zuzüglich halt nach den »Aromastoffen«, die intensiven Fruchtgeschmack vormogeln sollen. Und weil das so ist, besteht ja auch das angeblich »linienschonende« Joghurttörtchen, das Abspecker gern irrtümlich zu den »Du-darfst-Produkten« zählen, zu gut einem Drittel aus geschlagenem Obers. Täte es das nicht, würde es nämlich kaum munden, sondern wie gestockte Gummibärlisuppe schmecken.

Joghurt, natürlich die gehaltvolle Sorte, ist – meiner Meinung nach – am vernünftigsten in kleinen Portionen nahrungsverfeinernd einzusetzen. Ein Löffel davon in die Majonäse gerührt, zwei aufs Duvec geklatscht, drei nebst dem Sauerrahm an die Dillfisolen getan und vier unter die Béchamelsauce für die Lasagne geschlagen, das ergibt eine nette, pikante Note.

Rezepte, in denen Joghurt die Hauptrolle spielt, sind rar. Aber wie wär's mit einer *Joghurt-Minze-Terrine* auf Erdbeersoße?

Dazu braucht es für 8 Portionen:

1 Becher Schlagobers
50 Gramm Kristallzucker
5 Blatt Gelatine
2 Becher Joghurt
1 Päckchen Vanillezucker
2 Esslöffel Minzeblätter
1/2 Kilo Erdbeeren
100 Gramm Staubzucker
Saft einer halben Zitrone

Und so wird's gemacht:

Eine längliche Form, in die gut 1 l reingeht, wird mit Frischhaltefolie ausgelegt. Wenn Sie die Form vorher mit einem Häuchlein Öl auspinseln, lässt sich die Form wesentlich williger mit Folie auskleiden!

Das Schlagobers wird aufgeschlagen, knapp bevor es fest wird, kommt der Kristallzucker rein.

Die Gelatine wird in kaltem Wasser eingeweicht.

Die Minzeblätter werden fein gehackt, dann mit dem Joghurt und dem Vanillezucker verrührt.

Nun bringt man in einem kleinen Reindl Wasser zum Kochen, nimmt einen großen Schöpflöffel, tut ein paar Esslöffel von der Joghurtmasse rein und hält den Schöpflöffel so lange übers kochende Wasser, bis das Joghurt im Schöpflöffel ordentlich warm ist. Dann drückt man die eingeweichte Gelatine gut aus, gibt sie in den Schöpflöffel und rührt mit einem Löfferl um, bis sie sich komplett aufgelöst hat. Hat sie das geschafft, gießt man den Schöpflöffelinhalt zur Joghurtmasse und verrührt zügig. Dann wird das Obers zärtlich untergehoben und das locker-duftige Ergebnis in die vorbereitete Form gefüllt.

Zum Festwerden kommt die Form in den Kühlschrank. Dort sollte sie mindestens vier Stunden, besser einige mehr, bleiben.

Die Erdbeersauce zu machen, ist ein Kinderspiel!

Die Beeren werden gewaschen, geputzt und in kleine Stücke geschnitten. Ungefähr 150 Gramm davon werden so belassen, der Rest wird mit Staubzucker und Zitronensaft mit dem Stabmixer püriert. Wer besonders pingelig ist, streicht das Püree noch durch ein Haarsieb um die winzigen Erdbeerkernchen rauszukriegen. Zum Schluss kommen die Erdbeerstückchen ins Püree.

Knapp vor dem Servieren wird die Terrine aus dem Kühlschrank genommen, gestürzt, auf Scheiben geschnitten und mit Erdbeersauce garniert. Dass vor dem Schneiden die Frischhaltefolie entfernt werden muss, versteht sich wohl von selbst, oder?

K

wie Kochbuch und Kochzeitschrift

Gute Köchinnen meiner Oma-Generation nannten ein Kochbuch, eventuell deren zwei, ihr Eigen und besaßen zudem ein liniertes Heft, in dem sie Rezepte, die ihnen andere gute Köchinnen verraten hatten, in Schönschrift festhielten. Heutzutage bringen es gute Köchinnen – neuerdings auch gute Köche – zumeist auf zwei Meter Laufmeter Kochbücher und bunte Zeitschriften, die sich der Ess- und Trinkkultur widmen, stapeln sich in ihren trauten Heimen zu einem Kubikmeter, weil es schwer fällt, kulinarische Pracht einfach ins Altpapier zu tun.

Aber Kochzeitschriften sind halt vor allem Bilderbücher für essensmäßig interessierte Erwachsene. Gekocht wird nach ihnen eher wenig. Was nicht an der Qualität der Rezepte liegt, die sind in Ordnung. Es liegt daran, dass man im Bedarfsfall den Kubikmeter durchackern müsste um das schöne Rezept, an das man sich vage erinnert, wiederzufinden. Sicher, sicher, sehr ordentliche Menschen sammeln diese Zeitschriften nach Erscheinungstermin und bestellen beim Verlag ein Jahres-Inhaltsverzeichnis, aus dem sich leicht entnehmen lässt, in welchem Heft sich das gesuchte Rezept befindet. Mir persönlich ist allerdings kein derart ordentlicher Mensch bekannt. Und die etwas weniger ordentlichen greifen dann doch lieber zu einem Kochbuch, als dass sie einen Kubikmeter Rezept-Literatur durchblättern.

Wie bei jeder Sorte von Literatur gibt es auch unter Kochbüchern gute und schlechte, und klarerweise sind Druckfehler und Schlampereien in Kochbüchern lästiger als in anderen Büchern. Ich nehme zwar kaum an, dass jemand wirklich 30 Kilo Miesmuscheln kauft, wie es eines meiner Kochbücher für 4 Personen vorschlägt, aber wer weiß schon, was autoritätsgläubige Leser alles tun! Und echt ratlos ist man, wenn bei den Zutaten 100 Gramm Butter aufgelistet sind, die bei der Zubereitung unerwähnt bleiben. Oder wenn man, exakt nach Angabe, für 60 Stück Ravioli eine Fülle zubereitet hat, mit der sich spielend 200 Ravioli füllen ließen.

Mit einiger Vorsicht sind auch die wunderschönen Bücher der diversen Star-Köche zu genießen. Diese Herrschaften sind nämlich ihre Profi-Küche gewohnt und haben wenig Ahnung von stinknormalen Küchen im Haushalt. So fordern sie dann etwa, das Backrohr auf 120 Grad Unterhitze und 180 Grad Oberhitze einzustellen, obwohl ein Haushalts-Backrohr, bei dem Ober- und Unterhitze zur gleichen Zeit verschieden temperiert werden können, keine einzige Firma anbietet, die Backrohre für den Haushalt erzeugt. Gern vergessen die Star-Köche auch, dass die übliche Küche – im Gegensatz zur Restaurant-Küche –

nur über ein Backrohr verfügt, und so meinen sie, man könne gleichzeitig das Erdäpfelgratin bei 220 Grad backen und den Lammrücken bei 160 Grad braten. Auch von den Maßen eines normalen Haushalts-Kühlschranks dürfte mancher von ihnen keine Ahnung haben. Sonst würde mir so ein Jahrhundert-Koch kaum empfehlen, ein Backblech mit darauf befindlichen bröseligen Teigklümpchen bis zur Weiterverarbeitung für zwölf Stunden in den Kühlschrank zu stellen! Den Haushalts-Kühlschrank, in den ein Normal-Backblech passt, gibt es nicht. Selbiger Herr verlangt für Dessert-Rezepte auch gern Glukose-Sirup und merkt dazu an, dass dieser im Einzelhandel nicht erhältlich ist. Aber: »... ein bekannter Bäcker gibt auf Bitten sicher etwas ab.« Wo lebt der Mann? Glaubt er, es gäbe noch den kleinen Bäcker »ums Eck«, der in die Backstube wieselt, um der lieben Stammkundschaft ein bisschen Glukosesirup zu schenken? Oder soll ich den diesbezüglichen Wunsch im Supermarkt an der Kasse deponieren, auf dass er zum spendierfreudigen Großbäcker weitergeleitet werde?

Mit den meisten Kochbüchern ist es halt so: Wer kochen kann, der hat kaum Probleme mit ihnen, wird durch sie angeregt, wissender und perfekter. Wer nicht kochen kann, der tut sich oft schwer mit ihnen. Der hat nichts von einem Kochbuch, das ihm zum Beispiel vorschlägt, die Kekse »flott« zu backen. Der braucht eines, das ihm sagt, bei welcher Temperatur, wie lange, auf welcher Backrohrschiene die Kekse gebacken werden. Dem muss auch gesagt werden, welche Mehlsorte er braucht und welche Größe die Eier haben sollen. Ein sehr großes Ei ist fast doppelt so schwer wie ein sehr kleines, und es kann für einen Kuchen ja nicht Jacke wie Hose sein, ob er mit 350 oder 200 Gramm Ei zubereitet wird. Mit Ausdrücken wie »mittelfester Teig« und »zur Rose abziehen« und »blind backen« kann ein Anfänger auch nichts anfangen. Und ihn belehren, dass Mürbteig »nicht geknetet, sondern zusammengedrückt« werden soll, wird nichts fruchten. Ebenso verwegen ist die Annahme, der Anfänger besitze ein Thermometer, dessen Quecksilbersäule auf 180 Grad klettern kann. Also hat es wenig Sinn, ihm die Temperatur fürs Schnitzel-Ausbackfett mit 180 Grad anzugeben. Da hat er mehr davon, wenn man ihm rät, versuchsweise einen Schnitzel-Zipfel ins Fett zu tauchen um zu sehen, ob dieser bereits mit dem nötigen, freudig erregten Brutzeln reagiert. Kochbücher, die all das berücksichtigen und dem Küchen-Neuling weiterhelfen, gibt es reichlich. Nur ist es halt so: Wenn man vom Kochen nichts versteht, kann man schwer entscheiden, welche der unzähligen Kochbücher geeignet sind, einen zum Könner zu machen. Macht aber nichts! Kochbücher sind schließlich hübsch anzusehen, zieren jedes Küchenbord und vermitteln zumindest den Besuchern, die nur »auf einen Kaffee« vorbeischauen, den Eindruck, bei einem Koch-Könner zu weilen.

Statt einem zum K-Kapitel passenden Rezept möchte ich zur Ergötzung den verehrten Leserinnen und Lesern einen Absatz aus meinem ältesten Kochbuch andienen. Es wurde im Jahr 1790 verlegt und nennt sich »Diätetisches und öconomisches Kochbuch«.

Also:

»Die Kaldaunen von den Thieren sind keine leicht verdauliche Speise, und da sie ohnedem nur schlecht nähren, so mag man sie anderen überlassen, die in Rücksicht ihrer Umstände gezwungen sind, dergleichen zu Tische zu bringen, das sie etwas wohlfeiler haben können als Fleisch, und das doch dafür gelten muß. Solche Personen haben darum gemeiniglich den Magen und die Arbeit danach, daß es bey ihnen noch wol verdauet wird.«

Na, das nennt man doch wohl »soziales Gewissen«!

L

wie Lungenbraten, Lende, Lummel und Luxus

Vor etlichen Jahrzehnten, ganz frisch verheiratet und des Kochens so unkundig wie ein männlicher Neandertaler, holte ich tagtäglich per Telefon mütterlichen Küchen-Rat ein, und ging es dabei um Fleisch und dessen Zubereitung, war meiner werten Frau Mutter Standard-Vorschlag stets: »Schatzerl, nimm einen Lungenbraten, da kann absolut nichts schief gehen!«

Es ging wirklich nichts schief, denn Lungenbraten, auch Lende und in manchen Gegenden des Landes Lummel genannt, ob nun vom Ochsen, vom Kalb oder vom Schwein, nimmt kaum etwas krumm. Man kann ihn im ganzen Stück belassen, auf dicke oder dünne Scheiben schneiden, schnetzeln, grillen, dünsten, braten, panieren, pochieren, er erträgt das alles mit stoischem Gleichmut und bleibt gelassen, saftig, zartfasrig und butterweich.

(Die Lungenbraten von Rehen und von Lämmern sind nicht minder köstlich, aber sie sind leider klitzeklein, kaum größer als eine erwachsene Sardine und werden üblicherweise nicht »solo« verkauft, sondern verbleiben am Rücken des Getiers und gehören dem, der den ganzen Rücken erwirbt.)

Also gab es in meinen ersten Ehemonaten jede Menge Luxus-Gerichte wie Rindslungenbraten in Wurzelsoße, Filet-Gulasch, Zürcher Geschnetzeltes, Kalbsmedaillons, Filet Wellington, Pfeffersteak und dergleichen mehr, und damit nur ja »nichts schief« gehe, zweckentfremdete ich auch für weit weniger luxuriöse Speisen die diversen Lungenbraten. Den kälbernen für das Reisfleisch, den schweinernen für das Krautfleisch, den rindernen für das Majoran-Saftfleisch und für die Wiener Schnitzerln schnitt ich natürlich auch einen Kalbslungenbraten zu Scheiben auf.

Diese ungewöhnliche Methode der Fleisch-Verwertung ging natürlich erstens ins Geld, das wir nicht hatten, und zweitens wird man auch des edelstes Fleisches, so man es dauernd auf dem Teller hat, überdrüssig; wobei sich dieser Überdruss bei den Lungenbraten ziemlich bald einstellt, denn nebst ihren grandiosen Vorzügen haben sie einen winzigen Nachteil: Sie sind nicht allzu »geschmacksintensiv«.

Und so äußerste schließlich mein Herr Gemahl devotest seine große, ungestillte Sehnsucht nach deftigeren, kernigeren fleischlichen Brocken wie Steirisches Wurzelfleisch, gebratenes Ripperl, Kalbsvögerl, gedünstetem Ochsenschlepp, Wadschunken-Gulasch und dergleichen mehr, und ich musste in Sachen seiner Fleischeslust um- bzw. zulernen.

Aber eine ziemlich große Restzuneigung zu den diversen Lungenbraten ist mir bis heute geblieben. Nicht, weil mit ihnen »nichts schief gehen« kann – die Zeiten dieser Versagensängste habe ich gottlob längst hinter mir –, sondern weil sie ideal für die stressigen Tage sind, an denen man wirklich keine Zeit hat, lang in der Küche rumzustehen, aber trotzdem ein kleines Festmahl servieren will.

Für solche Tage bietet sich zum Beispiel »Lombatine alla Parmigiana« an. Vom Betreten der Küche bis zum Lockruf »Das Essen ist fertig!« braucht es nicht länger als fünfzehn, wenn's hoch kommt, zwanzig Minuten, falls man sich mit Salat und Weißbrot als Beilagen zufrieden gibt. Also:

Lombatine alla Parmigiana

Dazu brauchen wir für 4 Personen:
8 etwa 2 cm dicke Scheiberln von einem kleinen Kalbslungenbraten
2 Esslöffel Butter
60 Gramm Parma-Schinken
3 gehäufte Esslöffel Parmesan
1/2 Glas Marsala-Wein
1 üppiger Bund Petersil
Salz
Pfeffer

Und so werken wir flugs drauflos:

Die Fleischscheiben werden, sachte, sachte, ein wenig flach geklopft, wozu es gar keines Klopfers bedarf, da reicht die tätschelnde Hand des Koches völlig.

Die Butter wird in einer passenden Pfanne erhitzt; wenn sie aufgeregt brutzelt, kommen die Fleischscheiben in die Pfanne und werden auf beiden Seiten (je drei Minuten) goldbraun gebraten.

Während dieser 6 Brat-Minuten werden der Schinken und der Petersil fein gehackt und dann mit dem Parmesan vermischt.

Sind die 6 Minuten um, wird die Pfanne vom Herd gezogen und die Schinken-Petersil-Parmesan-Mixtur gerecht auf den acht Fleischscheiben verteilt und der Marsala – auch schön gerecht – über die bestrichenen Fleischscheiben geträufelt.

Nun wird die Pfanne zugedeckt und kommt wieder auf den mittelheißen Herd, wo sie bleibt, bis der Marsaladampf den Käse zum Schmelzen gebracht hat.

Und während der Marsaladampf dieser Arbeit nachgeht, wird der Salat angemacht.

M

wie Martinigans

Die Martinigans wird einheimischer Tradition gemäß zu Martini, dem Tag des heiligen Martin am 11. 11., genossen, und weil dieses Geflügel ja allerhand Fleisch auf den Knochen hat, geschieht das üblicherweise im erweiterten Familienkreise oder unter Zuziehung von ein paar esswilligen Freunden. Wie viele Personen zu einer Martinigans gebeten werden können, hängt klarerweise von der Größe der Gans und der Fressfreudigkeit der Gäste ab. Eine kleine hat ein bisschen mehr als drei Kilo, eine sehr große über sieben Kilo, und in alten Kochbüchern ist sogar von Mastgänsen mit neun Kilo die Rede.

Aber für mehr als sechs Esser reicht auch die größte Gans nicht, weil so ein übergewichtiges Vieh eben enorm viel Fett über und zwischen dem Fleisch hat, das – so wollen wir hoffen – beim Braten zum größten Teil aus ihm rausrinnt, wodurch es um mindestens zwei, drei oder gar vier Kilo leichter wird.

Für mehr als sechs Esser braucht es also zwei eher kleine Gänse. Was insofern kein Nachteil ist, als kleine Gänse ohnehin viel zarter schmecken als große.

Ein leichtes, den Magen nicht belastendes Futter ist so ein Gänsebraten freilich nicht. Aber ganz so gefährlich, wie eines meiner zweihundert Jahre alten Kochbücher tut, ist der Genuss einer Gans wohl doch nicht. Die Verfasserin schreibt nämlich:

»Bey dem Braten des Gänsefleisches kommt das Fett zur bösen Eigenschaft, die Gedärme zu erschlaffen und Blähungen zu machen, noch eine mehr, indem es das Blut erhitzt und zugleich Heiserkeit macht.« Liest man in neueren Kochbüchern die Gänsebraten-Rezepte, gewinnt man den Eindruck, diese Braterei wäre ein Kinderspiel!

Bratfertiges Gansl kaufen, außen und innen mit Salz, Pfeffer und etwas Majoran einreiben, Äpfel in die Bauchhöhle stecken, Öl in einer Pfanne erhitzen, Gans an den Brustseiten anbraten, auf den Rücken legen, ins heiße Rohr schieben, 2–3 Stunden braten, des öfteren mit dem ausgetretenen Fett begießen. Hernach Fett abschöpfen, Bratenrückstand mit Wasser aufgießen, durchkochen, abseihen. Und fertig ist die Gans!

Aber ganz so einfach, wie das klingt, ist die Braterei mitunter dann doch nicht. Um das zu belegen, möchte ich – in aller gebotenen Kürze – von meiner vorjährigen Martinigans berichten:

Zuerst rechnete ich mit sechs Essern und bestellte eine ordentlich große Gans. Dann wollten noch zwei Freunde am Festschmaus teilnehmen, also stornierte ich die große Gans und orderte beim Fleischhauer zwei kleine Exemplare. Bloß bekam der gute Mann am 11. 11. keine wirklich kleinen Ganserln geliefert, und ich schleppte zwei Viereinhalb-Kilo-Vögel heim. Daheim merkte ich, dass mein Backrohr für die zwei Vögel um ein Häuchlein zu klein war. Also beschloss ich, den Viechern die untersten fünf Zentimeter der Haxln – die ohnehin nur aus Haut und Knochen bestehen – abzuschneiden. Dann, sagte ich mir, passen die Biester mit knapper Not in die große Saftpfanne. Lange widerstanden die Haxln allen Amputationsversuchen, erst das große Hackebeil schaffte die Verkürzung, wobei allerdings beim letzten Hieb auf das letzte Haxl das darunter liegende große Teakholzschneidbrett in zwei Teile brach und das Hackebeil in der darunter befindlichen Arbeitsplatte stecken blieb. Dann waren die Gänse endlich gewürzt und im heißen Backrohr und schwitzten im Nu Fett aus. So viel Fett, dass es die Saftpfanne, in der ja neben den Gänsen kaum noch Platz war, randvoll füllte. Und als ich die Saftpfanne aus dem Rohr ziehen wollte, um das Fett abzuschöpfen, schwappte allerhand davon über und verbrannte stinkend und qualmend auf dem Boden des Backrohrs. Ich gratulierte mir dazu, kein Gasbackrohr zu besitzen, denn in einem solchen wäre das Gänsefett hell lodernd entflammt und Ausgangspunkt eines mittleren Wohnungsbrandes gewesen, verpflasterte mir die zwei Finger der linken Hand, über die viel vom siedenden Fett getropft war, mit Hansaplast, öffnete das Küchenfenster und wachelte mit einem Hangerl den Qualm raus. Nach dem vierten Mal Abschöpfen, Qualmen, Fingerverbrennen und Wacheln waren die Gänse endlich einigermaßen entfettet. Aber nun wurden die Brüste rasant bedenklich braun! Also holte ich die sauschwere Saftpfanne aus dem

Backrohr und wendete die zwei Viecher, auf dass sie mit dem Rücken nach oben zu liegen kamen, und hievte die Saftpfanne wieder ins Rohr. Ein Viertelstündchen vor dem Ende der gesamten Bratzeit wollte ich dann das Getier nochmals wenden, damit die Haut der Brüste schön knusprig werde. Leider klebte nun beider Vögel Brusthaut am Saftpfannenboden fest und löste sich beim Wenden vom Brustfleisch. Hautlos boten mir die malträtierten Viecher ihre Brüste dar. Also verpasste ich ihnen einen Brustpanzer aus Alu-Folie, bevor ich sie fürs letzte Viertelstündchen, das dann problemlos verlief, ins Rohr retour bugsierte.

Abgesehen vom Mangel an knuspriger Haut wurden die Gänse recht passabel. Bloß der zugehörige Serviettenknödel stellte sich als total ungesalzen heraus. Wer so intensiv mit zwei Gänsen beschäftigt ist, kann halt nicht auch noch einem Knödel viel Aufmerksamkeit spendieren.

PS: Falls jemand diese Ausführungen zur Martinigans weniger als Animation, denn als Warnung betrachten sollte, wäre das ganz in meinem Sinne.

N

wie Nudeln, Nockerl und deren nächste Angehörige

Meine Enkel, sieben und fünf Jahre alt, hätten nichts dagegen, tagaus, tagein zweimal täglich Nudeln zu mampfen. Ein paar klein geschnittene Pomodori pelati und ein Klacks Butter drunter, ein bisschen Parmesan drüber, das würde ihnen als Geschmacksverfeinerung reichen. Und wenn der berühmte Schmalhans Küchenmeister wäre, würden sie ohne Murren auch mit »Nudeln nackt« vorlieb nehmen. Einzige Bedingung: Die Nudeln müssen italienische Fabriksnudeln aus Hartweizengrieß ohne Ei sein. Hausgemachte Eier-Nudeln sind ihnen suspekt. Wahrscheinlich vermissen sie an ihnen den »al dente«-Kern. Oder sie haben, rein intuitiv, etwas gegen Cholesterin-Bomben.

Die meisten Leute, die ich kenne, halten es sowieso für bescheuert, Nudeln selbst zu fabrizieren, wenn es in jedem Supermarkt eine Riesenauswahl an allerbesten Teigwaren gibt. Stimmt ja irgendwie, aber ebenso gut könnte man es für bescheuert halten, selbst einen Pullover zu stricken, wenn das Angebot an fertigen Pullovern rein gar nichts zu wünschen übrig lässt. Wer das Küchenhandwerk zu seinem Hobby gemacht hat, dem bringt halt sichtlich die schweißtreibende Nudelerzeugung so hohen Lustgewinn wie den Hobbystrickern ein Spitzenmuster mitsamt seinen Tücken. Ja, ja, ich weiß! Es gibt kleine, handliche Kurbelmaschinen, die Nudelteig lang und dünn walzen, ohne dass dem Nudelerzeuger Schweiß auf der Stirn steht. Aber jeder echte »Nudelmeister« schwört drauf, dass nudelwalkergewalkte Nudelflecken den maschinegewalzten Nudelstreifen haushoch überlegen seien. Zarter und trotzdem kerniger im Biss, saftsaugender und – weiß der Himmel – was alles noch. Und der echte »Nudelmeister« kommt beim Teigwalken ja gar nicht ins Schwitzen. Das passiert nur unsereinem, wenn er sich laienhaft in diesem Metier versucht.

Meine Mutter war eine kleine, nicht sehr kräftige Frau. Trotzdem schaffte sie es, in einstündiger Arbeit, heiter vor sich hin summend, so viele Nudelflecken zu walken, dass das Ehebett, das als Trockenplatz herhalten musste, randvoll mit Nudelflecken bedeckt war. Ich walze an einem einzigen Nudelfleck schnaufend eine halbe Stunde herum, und er ist dann noch immer nicht so dünn wie einst ein mütterlicher.

Geschieht mir recht! Hätte ich halt nicht Jahrzehnte lang einfach bei meiner Mutter selbst gemachte Nudeln und Fleckerln »bestellt« und abgeholt, sondern mich von ihr im Nudelmachen unterrichten lassen! Hätte auch nichts geschadet, wenn ich mich von meiner Mutter im

Nockerl-Schaben hätte unterweisen lassen! Blitzschnell ging das, wenn sie Nockerlteig von einem kleinen Holzbrettl mit einem Messerchen ins sprudelnde Wasser schabte. Und alle Nockerln hatten – aus dem Wasser geholt – haargenau die gleiche, adrette Façon.

Ich habe das Nockerl-Schaben einfach nicht drauf! Es geht viel zu langsam, und zudem erzeuge ich gewaltig ungleiche Exemplare, die ganze Palette von kurz und dünn bis lang und dick. Also drücke ich den Teig mit einem Spätzle-Hobel ins Wasser. Wobei, wie schon der Name der Gerätschaft sagt, keine Nockerl, sondern Spätzle entstehen, die man – wenn der Teig fester und das Ergebnis dadurch runder ist – als Knöpfle bezeichnet. Für Spinatspätzle oder Käseknöpfli sind die Hobel-Produkte gut, aber als Beilage zu Kalbsgulasch etwa sind sie zweite Wahl. Da werden mit Fug und Recht richtige Nockerln erwartet, und es nagt an mir, dass ich dieser Erwartung nicht entspreche.

Ich wäre ja bereit, mein Defizit noch im fortgeschrittenen Alter zu beheben. Aber wo gibt es einen Nudel-Nockerl-Könner, der bereit wäre, mich zu unterweisen? Der Kochzeitschrift, die ich gern kaufe, entnehme ich, dass man – für gutes Geld – Koch-Seminare bei Hauben-Köchen buchen kann. Aber da geht es eher um 7-gängige Menüs der gehobenen Sorte, als um simple Nudel-Nockerl-Perfektion. Und überhaupt! Meine Enkel mögen Fabriksnudeln, mein Mann sagt, dass die Ravioli aus dem Käsegeschäft optimal seien, und Kalbsgulasch habe ich noch nie leiden können, also wäre es eigentlich ungeheuer unsinnig, mir eine Nudel-Nockerl-Nachhilfe anzutun.

Nun sollte ein Rezept her! Wie wär's mit Eiernockerln, wie sie meine Mutter machte? Die sind größer und flaumiger als normale Nockerln, werden nicht vom Brettl geschabt, sondern mit dem Löffel vom Teig gestochen, und sind Verwandte der Brandteig-Gnocci. Das Rezept dafür habe ich aus dem handgeschriebenen Rezeptheft meiner Mutter.

Eiernockerln

Zutaten für 4 Esser:
1 Kaffeehäferl Mehl
1 Kaffeehäferl Wasser (unsere Häferln fassten 1/4 l)
4 Deka Butter
2 ganze Eier, 1 Dotter, ein Moccalöfferl Salz
und zur Fertigstellung:
6 Deka Butter, 4 ganze Eier, Salz, Schnittlauch

Und so geht man vor:

Das Wasser wird mit Butter und Salz in einem Reindl zum Kochen gebracht. Sprudelt das Wasser, schüttet man ruck, zuck das Mehl rein, schaltet auf kleine Hitze und rührt das Gemisch, bis es ein Klumpen ist, der sich vom Kochlöffel und vom Reindl löst. Nun zieht man das Reindl vom Herd und lässt den Teigklumpen abkühlen. Ist er es, tut man Teighaken in den Handmixer, schlägt ein Ei ins Reindl und rührt mit dem Mixer so lange durch, bis die Masse homogen ist. Dann kommt das zweite Ei rein und, wenn sich das in den Teig integriert hat, der Dotter.

Jetzt bringt man 2 Liter gesalzenes Wasser zum Kochen,

sticht mit einem Kaffeelöffel, den man immer wieder ins siedende Wasser taucht, Nockerln (so groß wie kleine Walnüsse) vom Teig und stupst sie vom Löffel ins Wasser, wo sie 5 Minuten bleiben und dann mit einem Schiebschöpfer rausgefischt werden. Wer das Abstechen noch nicht gut beherrscht, also schneckenlangsam agiert, sollte die Nockerln tunlichst »partienweise« kochen, damit das erste eingelegte Nockerl nicht zerkocht ist, bevor das letzte ins Wasser plumpst. Die aus dem Wasser gefischten Nockerln kommen in eine Pfanne mit zerlassener Butter, werden darin ein wenig angebraten und mit den verquirlten, gesalzenen Eiern übergossen. Sind die Eier gestockt, bestreut man abschließend alles mit reichlich Schnittlauchröllchen.

O

wie »Ohne ..., bitte!«

Leute, die »einfach alles« gern essen, sind eine Rarität. Fast jeder von uns mag irgendwelche Speisen absolut nicht und lehnt deren Verzehr entschieden ab. Das ist ganz normal und führt höchstens in den Familien zu Zwist, wo es zweimal die Woche »saure Nieren« gibt, die der Papa in dem Maße liebt, wie sie seinem Nachwuchs verhasst sind. Natürlich heißt es auch in anderen Familien leicht: »Immer wird gekocht, was er (oder sie) will, nie krieg ich, was ich mag!«

Solche Anschuldigungen sind – so man ein reines Kochgewissen hat – nicht weiter ernst zu nehmen und wie alle Vorwürfe, die Eltern und Partner mit schöner Regelmäßigkeit bekommen, als »subjektive Wahrnehmung« lächelnd abzutun.

Aber einigermaßen quälend kann es für einen Menschen mit hohem Koch-Ethos sein, wenn man ihm abverlangt, bei der Produktion einer Speise vorsätzlich wider besseres Wissen auf eine nötige Zutat zu verzichten! Sicher, es ist nicht weiter schlimm, wenn jemand vor dem Verteilen der Sachertorte verlangt: »Ohne Schlagobers für mich, bitte!« Obwohl so eine trockene Angelegenheit wie Sachertorte ja förmlich nach einem Schlagobershauberl schreit.

Schlimmer ist schon: »Ohne Rosinen, bitte!« Dann muss man nämlich den Kaiserschmarrn in zwei Pfannen machen, einer großen für die Rosinen-Liebhaber und einer kleinen für den Rosinen-Hasser. Arg viel Mehrarbeit ist das ja nicht, aber wer sein Herz ans Kochen verloren hat, den barmt halt ein armseliger, rosinenloser Kaiserschmarrn dermaßen, dass er ihm vor dem Auftragen zuflüstert: »Es ist wirklich nicht meine Schuld!«

Am schlimmsten sind aber meiner Meinung nach die »Ohne-Knoblauch-bitte«-Leute. Wie um Himmels willen soll man denn ein Lammkotelett ohne Knoblauch braten? Rein kochtechnisch gesehen geht das freilich, aber ein guter Koch leidet wie ein Ferkel, wenn er an das Fleisch nicht tun darf, was dem Fleisch zusteht. Und ist der Ohne-Knoblauch-Freak zudem ein Ohne-Rosmarin-Freak, dann sagt man als frustrierte Köchin entnervt: »Brat dir das gefälligst selber ab!«

Der Gipfel aller Zumutung, die mir diesbezüglich untergekommen ist, war ein Schulfreund einer meiner Töchter, der mich inständig bat, die »Spaghetti aglio olio« ohne Knoblauch zu machen und statt des Öls Butter zu nehmen.

Demselben Freundeskreis gehörte ein junger Herr an, der mir erklärte, er esse schon gern Rindsgulasch, aber nur das von seiner Mutter gekochte, denn in dem sei keine Zwiebel. Also erkundigte ich mich bei seiner Frau Mutter nach diesem erstaunlichen Gulaschrezept. Und grinsend sagte mir die Frau Mutter: »Wenn ich die Zwiebel passiere und er kein Zwiebelflankerl entdeckt, glaubt er, dass keine drin ist!«

Widerspruchslos muss man natürlich ärztliche »Ohne«-Orders akzeptieren. Meistens ist das eine »Ohne-Cholesterin-bitte«-Forderung, und nach dieser wäre am passendsten die Küche mit etlichen Trauerfloren zu drapieren, denn ohne Cholesterin, das heißt: ohne Butter und Schmalz, ohne Scampi, Langusten und Hummer, ohne Obers und Käse, ohne Schokolade, ohne Hirn und Leber, ohne Bratwurst und Speck, ohne Nüsse und vor allem ohne Eier.

Sicher, es bleibt schon allerhand. Margarine und Öl, Fisch und mageres Fleisch, Brot und Obst. Aber ganz ehrlich: Hat man sich durch einen Stapel von Kochbüchern gelesen, die cholesterinsenkende Kost darbieten, kommt man ins traurige Seufzen. Da muntert einen dann höchstens ein Zeitungsartikel wie der, den ich unlängst gelesen habe, auf. Darin stand, eine schwedische Langzeitstudie habe ergeben, dass Menschen mit hohem Cholesterinspiegel länger leben als Menschen mit niedrigem.

PS: Ob dieser Studie zu vertrauen ist, weiß ich natürlich nicht. Verlassen auf sie würde ich mich also eher doch nicht. Aber sich nach einem gelegentlichen Sündenfall in den Cholesterinnapf an sie zu erinnern, kann auch nicht schaden.

P

wie Püree

Tat meinem Herrn Vater wieder einmal der Magen höllisch weh, sagte meine Mutter milde lächelnd zu ihm: »Ich mach dir ein Erdäpfelpüree.«

Gab sich meine werte Schwester einer fiebrigen Erkältung hin, sagte meine Mutter milde lächelnd zu ihr: »Ich mach dir ein Erdäpfelpüree.«

War mein armer Opa vom Dentisten über Gebühr malträtiert worden, sagte meine Mutter milde lächelnd zu ihm: »Ich mach dir ein Erdäpfelpüree.«

Und hatte ich Seelenschmerz, der mit Appetitlosigkeit einherging, sagte meine Mutter ebenfalls milde lächelnd zu mir: »Ich mache dir ein Erdäpfelpüree.«

Das prägt einen Menschen lebenslänglich! Schlägt mir mein guter Ehemann vor, zum Geselchten ein liebes, kleines Erdäpfelpüree zu machen, denke ich flugs: Wieso? Wir sind doch weder krank noch traurig!

So ein liebes, kleines Erdäpfelpüree aus gestampften mehligen Erdäpfeln, heißem Obers, kalter Butter, Salz und etwas geriebener Muskatnuss hat sich meine dumme Ablehnung natürlich absolut nicht verdient. Aber frühkindliche Prägungen wird man halt schwer los, die kleben an einem wie die Kletten. Man kann sie höchstens überlisten, und das geht beim Erdäpfelpüree supereasy.

Man mischt zum Beispiel abschließend eine reichliche Portion fein geriebenen Kren unters Erdäpfelpüree, und schon hat es sein Siechen-Seelenkummer-Flair verloren.

Oder man rührt statt der Butter Olivenöl und klein geschnittene schwarze oder grüne Oliven rein.

Und wenn man es ganz luxuriös haben will, nimmt man statt der Butter Trüffelöl. (In beiden Öl-Fällen würde ich statt Obers heiße Milch nehmen.)

Oder man halbiert die Erdäpfelmenge und ersetzt das Manko durch Knollensellerie. Ganz wichtig beim Püreemachen ist auf alle Fälle, blitzschnell zu arbeiten, damit es nicht lauwarm auf den Tellern landet. Und die Erdäpfel werden klarerweise vor dem Kochen geschält und sie müssen unbedingt von der mehligen Sorte sein. Püree aus speckigen Erdäpfeln ergibt grausigen Bröckerlgatsch.

Und noch eins: Stampfen Sie die Erdäpfel mit einem Erdäpfelstampfer oder drücken Sie die Erdäpfel durch eine Erdäpfelpresse, aber versuchen Sie ja nicht, die Erdäpfel mit dem Handmixer zu Brei zu machen. Sie würden statt eines flaumigen, duftigen Pürees einen zähen Gatsch produzieren. Dass dem so ist, weiß ich aus eigener Erfahrung, warum das so ist, weiß ich allerdings nicht.

Püree lässt sich aber nicht nur aus Erdäpfeln, sondern aus sehr vielen Gemüsen produzieren. Mein dickstes Kochbuch kennt Erbsenpüree (aus frischen wie getrockneten Erbsen), Bohnenpüree (auch aus den Dicken Bohnen, bei uns Saubohnen genannt), Petersilwurzelpüree, Brokkolipüree, Gelbe-Rüben-Püree, Karfiolpüree, Karottenpüree, Linsenpüree, Paprikapüree, Spinatpüree, Zwiebelpüree, Selleriepüree, Champignonpüree, Topinamburpüree und Artischockenbödenpüree. Egal um welches Gemüse es geht, für Püree wird es weich gekocht, passiert und gewürzt. Bei der Weiterverarbeitung kommt es drauf an, welche Konsistenz das Passierte hat. Zeichnet es sich durch Festigkeit aus, wird bloß Butter eingerührt. Ist es eher dicksuppig, wird es mit Béchamelsauce oder einer hellen Einbrenn vermischt.

Mein Gaumen lehnt die Pürees, die Béchamel bzw. Einbrenn intus haben, allerdings strikte ab. Und ich gebe ihm Recht! Warum soll ein Mensch, der eigene oder auch falsche Zähne hat, Brokkoli oder Karfiol, Spinat oder Champignons, Zwiebel oder frische, junge Erbsen als Breichen mampfen? Den Eigengeschmack des Gemüses verstärkt das beigefügte Mehl nämlich wahrlich nicht.

Von den Gemüsepürees, die nur der Butter zu ihrer Vollendung bedürfen, kann ich Erbsenpüree aus getrockneten Erbsen wärmstens empfehlen, auch Dicke-Bohnen-Püree (so man sich die Mühe mit dieser arbeitsintensiven Hülsenfrucht machen will), Selleriepüree und Topinamburpüree (so man diese rare Knolle überhaupt erwerben kann).

Aus sündteuren Artischockenböden, die man mühsam aus den Artischocken rausgearbeitet hat, Püree zu machen, halte ich für groben Unfug. Karottenpüree bleibt mir zu süßlich, egal wie viel Salz und Pfeffer ich dran tue. Und ein Linsenpüree ist farblich eine echte Zumutung. Angesichts so eines kackebraunen Hauferls auf dem Teller könnte einen leicht Ekel überkommen.

Ein kolossal köstliches Püree, passend zu Wild, ist *Kastanienpüree*. Und es ist problemlos herzustellen, weil man dazu tiefgekühlte, passierte Kastanien nehmen kann. Als Beilage für zwei Personen reicht eine der üblichen TK-Packungen. Nicht einmal Auftauen ist nötig. Man bringt 1/8 l Obers zum Sieden, salzt und pfeffert es kräftig, schüttet die eisigen Kastanien-Krümel rein und erhitzt das Gemisch unter heftigstem Rühren, bis es wieder heiß ist. Dann rührt man noch Butter, je nach Kalorienkonsumwilligkeit 3 bis 6 Deka, ein – und fertig ist die Herrlichkeit.

PS: Der Horror meiner Kindheit war meiner Großmutter Zwiebelpüree! Sie sott dafür zu Brocken geschnittene Zwiebeln in wenig Salzwasser, trieb die weichen Brocken hernach durch die Faschiermaschine, machte eine dunkelbraune Schmalzeinbrenn und goss diese mit dem Zwiebelgatsch auf. Dazu gab es aufgewärmte, vom Vortag übrig gebliebene Semmelknödel. Und weil ich mich weigerte, diesen Zwiebel-Graus zu essen, bekam ich Powidl-Püree. Dafür zweigte die gute Frau von der Einbrenn ein bisschen was ab, goss sie mit Wasser auf und rührte einen großen Klacks Powidl rein. Objektiv betrachtet muss dieses Powidl-Püree noch weit grausiger als das Zwiebelpüree gewesen sein, in meiner Erinnerung hat es jedoch Delikatessen-Status. Und den soll es behalten! Also werde ich mich hüten, jemals ein Powidl-Püree zu kochen.

Q

wie Quantität und Qualität

Jeder bessere Kochbuchautor ermahnt seine Leser im einleitenden Anfangskapitel dringlich, mehr auf Qualität als auf Quantität zu achten. Da heißt es dann so ungefähr: »Lieber eine kleine Portion vom Besten als eine große vom Minderen.«

Geht es um Genusshäppchen, stimmt das sicherlich. Doch hat der Mensch mit wenig Geld viele hungrige Mäuler zu stopfen, ist es kein sehr brauchbarer Hinweis. Rotzungenfilet zum Beispiel ist ein Fisch edelster Qualität, 50 Gramm davon kosten bei meinem Fischhändler so viel wie im Billig-Supermarkt ein Kilo tiefgekühlter Seehecht, der eher zu den minder guten Fischen zählt. Aber ein paar hungrige Esser sind halt leider mit 50 Gramm Rotzunge nicht satt zu kriegen. Auch nicht mit 100 Gramm Culatello-Schinken aus Parma, der so viel kostet wie ein Kilo Supermarkt-Rohschinken, und schon gar nicht mit einem winzigen Scheiberl Trüffel pro Kopf.

Die Qualitätsfanatiker würden nun einwenden, dass man eben überhaupt keinen Schinken kaufen soll, wenn man knapp bei Kasse ist. Dann, würden sie sagen, kauft man besser eine Knackwurst bester Qualität! Wahrscheinlich schmeckt erstklassige Knackwurst vom Edel-Fleischhauer tatsächlich besser als letztklassiger Angebots-Rohschinken aus dem Preisbrecher-Supermarkt. Aber die vielen, vielen Leute, die im Preisbrecher-Supermarkt ihren Rohschinken kaufen, sehen das sichtlich anders, und wenn sie das anders sehen, soll man ihnen den Billig-Schinken nicht madig machen. Zudem ist es heutzutage ja gar nicht einfach, so einen Edel-Fleischhauer mit einer Edel-Knackwurst zu finden, denn das Fleischhauer-Sterben ist hierzulande in den letzten Jahren ein noch rapideres als das Greißler-Sterben gewesen, die Supermärkte haben ihnen mit ihren »abgepackten Billig-Angeboten« den Garaus gemacht.

Und überhaupt! Wie ist das denn mit dem Verhältnis Preis zu Qualität? Ist so ein Culatello wirklich zehnmal so köstlich wie ein Daniele im Angebot? Hat man am Höchstpreisfisch zwanzigmal so großen Genuss wie am Billigfisch? Und erfreut man sich an einer Trüffel tausendmal mehr als an einem Champignon?

Die behördlich anerkannten »Edelgaumen« werden dies wohl behaupten, aber ich vermute, die Frage ist genauso wenig zu beantworten wie die, ob ein Generaldirektor tatsächlich zwanzigmal so viel leistet wie ein kleiner Angestellter und deswegen gerechterweise zwanzigmal so viel verdienen darf.

Übrigens gibt es auch erstaunlich viele Menschen, deren Geschmackspapillen »beste Qualität« nicht nur nicht erkennen, sondern sogar strikte ablehnen. Setzt man ihnen einen tollen Erdäpfelsalat vor, der mit allerfeinstem Trüffelöl angemacht wurde, fragen sie mit angewidert gesenkten Mundwinkeln: »Was ist denn da für ein komisches Öl dran?«

Und gibt man ihnen eine Schnitte edelsten Wildlachs, die auf das I-Tüpferl exakt so gebraten ist, wie es sich laut Vier-Hauben-Koch gehört, greinen sie entsetzt: »Der Fisch ist ja in der Mitte nicht ganz durch!«

Ich kenne sogar einen lieben Menschen, der behauptet, Risotto Milanese sei völlig ungenießbar, weil es durch die Beigabe von Safranfäden widerlich nach Apotheke schmecke. Und dass die Reiskörner einen winzigen, festen Kern haben, hält er zudem für einen Fehler und argwöhnt, der Reis sei »noch nicht fertig gekocht«.

Dagegen ist ja auch überhaupt nichts einzuwenden! Ganz im Gegenteil. Wer Trüffelöl, Safran und Arborio-Reis nicht mag, zwischen altem Balsamico und jungem Weingeistessig, zwischen Wildlachs und Seehecht geschmacklich keinen Unterschied erkennt, wem es wurscht ist, ob der Schinken vom Holland-Import-Schwein oder von der steirischen Biosau stammt, ob die Ananas reif eingeflogen oder unreif per Frachter gebracht wurde und ob er eine Bäcker-Handsemmel oder ein Fabriks-Laberl kauft, der erspart sich allerhand Geld, das er dort investieren kann, wo es ihm auf Qualität ankommt; in Klamotten, Theaterkarten, CDs, Urlaube, Autos oder was immer.

PS: Problematisch wird's nur, wenn so ein Qualitäts-Ignorant der Quantitäts-Gier verfällt und sich fett frisst.

Dieser verfettenden Gier sind zwar auch Qualitäts-Fanatiker hin und wieder hilflos ausgeliefert, aber ich behaupte: Übergewicht, das man sich mit qualitativ hochwertigen Produkten zugelegt hat, sieht anders aus als Übergewicht, das man sich mit minderwertigem Essen angefuttert hat. Das Schwabbelfett in LKW-Reifen-Form um Hüften rum zeugt von minderwertiger Kost. Qualitäts-Fresser sind, so viel sie auch wiegen mögen, weit kerniger im Fett.

R

wie Reste

Als Kind hatte ich den bösen Verdacht, meine Mutter wolle mich und meine Schwester kugelrund füttern. Weil sie uns immer, kaum hatten wir die Teller leer gegessen und waren pappsatt, noch eine Portion aufzudrängen versuchte. »Ist ja nur ein winziges Fuzerl«, lockte sie. Und: »Auf die zwei Löfferln wird's dir doch nicht ankommen!« Und: »Das kleine Stückerl schaffst schon noch.«

Mein böser Verdacht war ein irriger. Meine Mutter wollte bloß nicht, dass »etwas überbleibt« um dem hausfraulichen Dilemma »Wegwerfen oder Wiederverwerten« zu entgehen. Von beidem hielt sie nämlich wenig. Meistens löste sie das Problem, indem sie den Essensrest seufzend selbst aufaß.

Die Möglichkeit, den Rest fürs Erste einmal im Kühlschrank zwischenzulagern, hatte meine Mutter ja nicht, weil wir damals noch keinen Kühlschrank hatten. Heutzutage, wo jedermann kühlen und einfrieren kann, wird allerorten emsiges »Restl-Zwischenlagern« betrieben. Ich kenne Kühlschränke, aus denen es von oben bis unten silbrig glitzert und funkelt, wenn man sie öffnet. Das kommt von den unzähligen kleinen Alufolie-Packerln, in denen irgendwas auf seinen Verzehr harrt. Üblicherweise harrt es vergeblich und wird, wenn es den Zustand »überaltert« erreicht hat, entsorgt. Ich kenne auch Tiefkühltruhen, in denen jede Menge kleine Döschen lagert mit Klebeschildchen wie: »Eine kl. Portion Gulasch«. Oder: »1 kl. Portion Spinatspätzle«. Und das Datum unter den Inhaltsangaben zeugt von jahrelangem Aufenthalt in der Truhe; was aber positiv zu sehen ist, weil diese längst »abgelaufenen« Resterln als »energiesparende Kältepolster« von Nutzen sind. Zumindest behauptet dies mein lieber Ehemann, der ein leidenschaftlicher Restl-Frierer ist. Wobei einem in unserer Tiefkühltruhe auch immer wieder ein paar Döschen zwischen die klammen, grabenden Finger geraten, die zwar einen Inhalt, aber keine Beschriftung auf dem Deckel haben. An denen bin ich schuld! Da ging es um Restln, die ich »gleich übermorgen« wieder auftauen wollte und es daher unnötig fand, ihnen ein erklärendes Schildchen aufzukleben. Nur gab es dann halt immer »übermorgen« einen triftigen Grund, das Restl friedlich im Eise ruhen zu lassen, und wer kein Elefantengedächtnis hat, vergisst, was er vor drei Monaten in ein Döschen gefüllt hat. Oder er erinnert sich falsch! Und hält für Apfel-Rotkraut, was sich aufgetaut als entkernte Weichseln entpuppt. Oder für einen in Alu-Folie verpackten Schweinslungenbraten, was eine Forelle ist.

Ich bemühe mich daher, so gut es irgendwie geht, gar keine Restln entstehen zu lassen und lieber ein bisschen »knapp« zu kochen. Außer wenn bei mir daheim der

Wunsch nach Fleischknödeln wirklich nicht mehr zu überhören ist. Da muss ich dann etliche Tage lang sogar vorsätzlich auf Restln hinarbeiten, denn in eine ordentliche Fleischknödelfülle gehören nebst etwas Speck, Zwiebel und Petersil: gekochtes Rindfleisch, Schweinsbraten und Geselchtes.

Und ein paar Semmelknödel mehr als nötig zu machen, ist auch nicht von Übel, so man keine Cholestrin-Angst hat. *Geröstete Knödel mit Ei* sind nämlich ziemlich köstlich und dazu im Nu fertig. Die Knödel, ein Stück pro Esser, werden blättrig geschnitten (pro Blatt etwa 7 mm), in Butter angebraten und mit leicht verschlagenen, gesalzenen Eiern, auch eines pro Esser, übergossen. Wenn die Eier gestockt sind, wird noch ein bisschen schwarzer Pfeffer drüber gemahlen, dann kann, am besten mit Gurkensalat oder grünem Salat, serviert werden.

Als Restl-Verwertung nicht zu verachten ist auch der leider ganz aus der Mode gekommene *Grenadiermarsch*, eines meiner Kindheits-Lieblingsgerichte.

Dazu nahm meine Mutter:

einen Rest gekochter Nudeln oder Fleckerln
ein paar übrig gebliebene gekochte Erdäpfel
ein großes Häuptel Zwiebel
einen gegupften Esslöffel Schmalz (Öl geht auch)
Salz, Pfeffer und Edelsüß-Paprika

Die Zwiebel wird blättrig geschnitten und im Schmalz

bzw. Öl goldbraun geröstet, dann kommen die ebenfalls blättrig geschnittenen Erdäpfel dazu und die Nudeln bzw. die Fleckerln. Das Gemisch wird noch ein bisschen durchgeröstet, gesalzen, gepfeffert und mit Paprika schön orangefarben eingefärbt. (Auch übrig gebliebene Nockerln wurden in manchen Haushalten in den Grenadiermarsch integriert, davon halte ich allerdings nichts.)

Diesen Grenadiermarsch kann man mit Salat als sparsame Hauptspeise essen, es spricht aber auch nichts dagegen, ihn als Beilage zu Fleisch, etwa zu einem Rumpsteak, zu kredenzen.

Ganz nebenbei: Auch Krautfleckerln als Beilage zu Fleisch machen sich erstaunlich gut.

Und nicht unerwähnt darf schließlich das Restl-Tiroler-Gröstl bleiben! (Zum original Tiroler-Gröstl wird rohes Fleisch genommen.)

Fürs *Restl-Gröstl* röstet man ebenfalls blättrig geschnittene Zwiebel in Fett, tut nudelig geschnittene Bratenreste (oder gekochtes Rindfleisch) dazu und auf Scheiben geschnittene Erdäpfel, salzt, pfeffert und gibt – so tat man es zumindest früher bei mir daheim – auf Scheiberln geschnittene Essiggurkerln dazu. Und wer mag, kann auch Majoran und Thymian, am besten frischen, nicht getrockneten, drangeben.

S

wie Sauerei und sauber machen

Es gibt Köchinnen und Köche, die erledigen sämtliche der anfallenden Säuberungsarbeiten in der Küche »zwischendurch«, und ist dann servierbereit, was sie produziert haben, ist ihre Küche blitzsauber aufgeräumt. Und es gibt Köchinnen und Köche, die hinterlassen nach vollendetem Kochwerk den Ort ihres emsigen Tuns total eingesaut. In der Abwasch türmt sich schmutziges Geschirr, die Arbeitsplatten sind mit Teigresten, eingetrockneten Dotterpatzen und Schoko-Glasur verkrustet, die Kacheln mehrfarbig getupft, und auf dem Boden gibt's Fettflecken, Mehlstaub und dazwischen Zwiebelschale und Gemüseschnipsel.

Erstere Köchinnen und Köche als Ordnungsliebende und zweitere als Chaoten einzustufen, wäre allzu kurzsichtig. Üblicherweise sind »Zwischendurch-Säuberer« Leute, die nur simple, wenig aufwendige Gerichte erzeugen. Wer schlichte Krautfleckerln kocht, der müsste schon ein echt grausiger Schlampsack sein, um eine saubere Küche total einzusauen! Aber wer Rehfilet, Rotkraut, Schupfnudeln und Weißweinbirnen, mit Preiselbeeren gefüllt, auf den

Tisch bringen will, eventuell davor noch ein Süppchen und dahinter ein Desserterl, der hat einfach keine einzige »Zwischendurch-Minute« frei, um Abfälle in den Mülleimer zu tun, Geschirr zu waschen, Boden zu kehren und angespritzte Kacheln abzuwischen. Der ist froh, wenn es ihm gelingt, seine sämtlichen Töpfe, Reindln und Pfannen zu betreuen, ohne »ins Schleudern zu kommen«. Den wackeren Koch möchte ich sehen, der gleichzeitig Rehfilet rosa brät, Schupfnudeln vom Kochwasser in die brutzelnde Butter befördert, Rotkraut abschmeckt, Birnen aus dem Weißweinsud holt, Obers ins Supperl rührt, Creme Caramel stürzt, Mehlreste vom Nudelbrett kratzt, Eierschalen in den Mülleimer tut und die Erdäpfelpresse wäscht.

Wer üppig kocht, macht üppig Dreck. Und wer so perfekt als möglich kocht, muss seine ungeteilte Aufmerksamkeit der Kocharbeit widmen und kann sich nicht in kleinlichen Säuberungsaktionen verzetteln. Die Frage ist bloß: Wann wird die Küche sauber gemacht? Gleich nach dem Abendessen? Statt geruhsam einen Espresso und einen Verdauungs-Grappa zu trinken, die Küche putzen? Oder diese Arbeit auf den nächsten Morgen verschieben? Eins wie's andere ist nicht wirklich optimal. Nach einem schönen, guten Essen sollte man sich entspannen und friedlich plauschen. Und am Morgen in einer grausig versauten Küche Frühstück kochen, tut den Magennerven nicht gut. Außerdem ist eingetrockneter Dreck mühsamer zu entfernen als frischer.

Am vernünftigsten wäre es, sich fürs üppige Aufkochen

einen willigen Handlanger zuzulegen, der penibel darauf schaut, dass erst gar keine Sauerei entsteht, indem er sämtliche niedere Küchenarbeit eifrigst erledigt. Ein kochunkundiger Ehemann etwa wäre als so ein Adlatus perfekt geeignet. Geschirr abwaschen, Abfälle wegräumen, Boden kehren, nicht mehr benötigte Zutaten verstauen, das kann schließlich jeder Dödel. Es spricht natürlich auch nichts dagegen, dass der Ehemann kocht und die Ehefrau den Dödel spielt.

Oder man kocht einfach etwas, was »nicht schmutzt«. Zum Beispiel den interessant schmeckenden, aus deutschen Landen stammenden Eintopf *Salzgurken-Töpfle.*

Dazu brauchen wir für 3 große bzw. 4 kleine Portionen:

1 mittlere klein gehackte Zwiebel
4 Esslöffel Öl
400 Gramm Rindslungenbraten, nudelig geschnitten
100 Gramm Champignons, blättrig geschnitten
2 Teelöffel Dijon-Senf
1 Becher Sauerrahm
1 große Salzgurke, klein gehackt
4 Esslöffel Gurkensaft aus dem Salzgurkenglas
Salz und weißen Pfeffer

Und so werken wir, die Küche schonend:

Das Öl wird in einem breiten Topf heiß gemacht, die gehackte Zwiebel wird darin hellgelb geröstet, das nudlig geschnittene Fleisch kommt dazu, wird rasch durchgebraten, dann sparsam gesalzen.

Nun werden die blättrig geschnittenen Champignons untergemischt und ein bisschen angedünstet.

Senf, Gurkensaft und Pfeffer werden mit dem Sauerrahm verrührt, das Gmachtl kommt in den Topf und wird untergerührt.

Zum Schluss kommt die klein gehackte Salzgurke rein.

PS: Nehmen Sie einen »hohen« Topf! Da spritzt beim Fleischanbraten kein Fett raus und Sie ersparen sich das Säubern des Kochfeldes.

T

wie Torte

In einem ordentlichen Küchen-ABC dürfen Torten auf gar keinen Fall unerwähnt bleiben. Aber leider bin ich keine wirkliche Torten-Könnerin. Torten gelingen mir im Verhältnis 9 : 1. Auf neun ansehnliche kommt eine missratene. Und verflixterweise passiert mir so eine Torten-Missgeburt immer dann, wenn der Anlass ein besonders prächtiges Exemplar verdienen würde. Jeder stinknormale Wochenendgast kann bei mir mit einem durchaus wohlschmeckenden, wie auch hübsch anzusehenden Tortenstück rechnen. Aber hat meine große Tochter Geburtstag, geht garantiert irgendetwas mit dem Mistvieh von einer Schokoladentorte schief! Entweder plustert sich die Torte im Backrohr zuerst übertrieben auf und sinkt nachher zerknirscht auf einen speckigen Flachkuchen zusammen oder sie ist am Rand schon dunkelbraun und verhärtet, wenn sie in der Mitte noch flüssig ist, oder ihre Oberfläche wird rissig-zerklüftet oder ihr Boden nässt in abgekühltem Zustand. Kann auch sein, dass bereits beim Eischnee-Einrühren die Katastrophe eintritt, weil sich der unwillige Schnee nicht harmonisch ins Dotter-Zucker-Butter-Schoko-Gemisch integrieren will, ich also ewig lang »unterziehen« muss, dabei neunzig Prozent der eingearbeiteten Luftbläschen den Garaus mache und statt einer lockeren, flaumigen Masse einen zähen, klebrigen Papp erzeuge, dessen weitere Verarbeitung völlig sinnlos wäre. Hundertprozentig brauchbare Tipps für das garantierte Gelingen einer Torte kann ich also ehrlicherweise nicht liefern, aber ein paar nützliche Hinweise, exakt sieben an der Zahl, kann ich doch geben; schließlich gelingen mir ja neun von zehn Torten. Also:

1. Bei Torten – wie auch bei anderen Kuchen – muss man die Zutaten exakt abwiegen. Locker »nach Augenmaß« vorzugehen, wird nichts bringen. Und die Waage sollte wirklich genau wiegen. Es macht echt etwas aus, ob in einer Torte 10 Gramm Mehl zu viel oder zu wenig drin sind. Allerdings gibt es da bei den meisten Kochbuch-Rezepten ein Problem. Nämlich die Eier! Üblicherweise steht da bloß, dass man eine gewisse Anzahl von ihnen zu nehmen habe. Aber ich kenne 40-Gramm-Eier und 70-Gramm-Eier, und es muss ja wohl ein Unterschied im Ergebnis sein, ob in einer Torte 240 Gramm Ei oder 420 Gramm Ei drin sind! So weit ich es kapiert habe, gehen diese Kochbuchautoren von 50-Gramm-Eiern aus. Würde also nichts schaden, wenn Sie Ihre Eier abwiegen, um auf das vom Kochbuch gemeinte Gesamt-Eier-Gewicht zu kommen.

2. Nehmen Sie eine reichlich große Rührschüssel! Ist nämlich die Rührschüssel – wie man zu Wien sagt – »plattlvoll«, lässt sich ihr Inhalt nicht »zart, aber doch

zügig« vermischen, und es bleiben Mehlschlieren oder Schneeflocken in der Masse.

3. Nehmen Sie zum »Unterziehen« von Eischnee und Mehl (und eventuell auch flüssiger Butter) in den Dotter-Zucker-Abtrieb keinen Kochlöffel und auch keine – wie oft empfohlen – Schneerute! So eine Schneerute pappt sich mit Teig voll, und das erschwert die Mischerei gewaltig. Besorgen Sie sich ein Gerät, das man in Wien »Gummi-Max« nennt. Dabei handelt es sich um einen weichen, elastischen Spatel mit Griff. Meiner Erfahrung nach zieht man mit diesem Gummi-Max am optimalsten unter.

4. Nehmen Sie eine beschichtete Springform und spannen Sie ein Backpapier über den Boden der Form. Den Springformring fetten Sie nicht ein. So kann die Tortenmasse an ihm besser hochklettern. Ob man die fertig gebackene Torte in der Form auskühlen lässt oder noch heiß auf ein Tortengitter stürzt, ist sichtlich Ansichtssache. Ich habe bei Küchen-Profis sowohl die eine wie die andere Meinung gelesen. Und der Ober-Profi Witzigmann schreibt, dass man die Form samt der Torte auf ein leicht bemehltes Tuch stürzen solle und die Form erst runter nehmen möge, bis die Torte ausgekühlt ist. Das geht aber – bittschön – nur, wenn die Torte die Form bis zum Rand füllt! Tut sie es nicht, würde sie ja umgedrehterweise vom Formboden nach unten hängen und über kurz oder lang runter ins Bemehlte plumpsen, wobei sie leicht auf unansehnliche Brocken zerfallen könnte.

5. Besorgen Sie sich ein Thermometer, das 180 Grad Celsius anzeigen kann, schalten Sie Ihr Backrohr auf 180

Grad, legen Sie nach gebührlicher Aufheizzeit das Thermometer ins Backrohr und sehen Sie nach, ob Ihr Backrohr wirklich 180 Grad heiß ist. Vertrauen ist gut, Kontrolle ist besser! Schon manche Torte ging daneben, weil ein Backrohr nicht willens war, die eingeschaltete Temperatur exakt zur Kenntnis zu nehmen.

6. Die Torte muss wirklich kalt sein, bevor sie – zwecks Füllung – in zwei, drei oder gar vier Blätter geschnitten wird. Zum Schneiden brauchen Sie ein Messer, dessen Klinge länger als der Durchmesser der Torte ist. Und wie kriegen Sie es hin, dass die Tortenblätter halbwegs gleich dick werden? Diesbezüglich habe ich schon viele Tricks gelesen. Der vernünftigste war dieser: Man stelle ein Tellerchen in den Springformrand, tue den Springformboden drauf und lege die Torte auf diesen, wodurch der Top der Torte um einiges höher als der Springformrand zu liegen gekommen ist. Und nun lässt sich, das lange Messer bequem den Springformrad entlangführend, die Torte durchschneiden. Um das nächste Tortenblatt zu erhalten, schiebt man ein zweites Tellerchen unter die Springform. Es muss natürlich kein Tellerchen sein, das Sie unterschieben. Wenn Ihnen ein passendes Kochbuch dafür dienlicher scheint, geht das genauso gut.

7. Falls Sie Ihre wohl geratene Torte auch noch glasieren wollen, etwa mit einer Schoko-Glasur, wäre es dienlich, sie zu diesem Behufe auf ein Tortengitter (auch Tortenrost genannt) zu platzieren, damit die Glasur seitwärts durch dieses Gitter auf ein untergestelltes Backblech tropfen kann. Aber bevor Sie die Glasur auf die Torte schütten, muss sie

unbedingt dünn mit passierter Marmelade eingestrichen werden! Die Marmelade verschließt erstens die »Poren« in der Tortenhaut, und sorgt zweitens dafür, dass die flüssige Glasur widerstandslos über die Torte flutscht. Und rühren Sie bittschön eine verschwenderische Portion Glasur an! So viel jedenfalls, dass Sie nicht lang rumstreichen müssen um nackte Stellen zu bedecken. Das ergibt zwar allerhand abgetropften Glasur-Überschuss auf dem untergestellten Backblech, aber dafür haben Sie einen makellosen Torten-Überzug.

PS: Wenn Ihnen das alles zu kompliziert erscheint, machen Sie einfach eine Malakoff-Torte aus fertig gekauften Biskotten. Die gelingt jedem Kind.

U

wie Undank

Bezüglich ihrer Position als Hausfrau pflegte meine Mutter gern milde seufzend zu erklären: »Dank darf man sich dafür halt keinen erwarten!«

Soweit es um Aufräumen, Wäschewaschen, Bügeln, Staubsaugen, Fensterputzen und Sockenstopfen geht, hat sie garantiert Recht gehabt. Aber bei der Zubereitung des Familien-Futters kann man sich normalerweise sehr wohl einigen von Herzen und Magen kommenden Dank erkochen. Selbiger äußert sich freilich selten in wohlgesetzten Dankesreden, sondern eher im andächtigen Verzehr des Vorgesetzten und – falls möglich – im Ersuchen um einen ordentlichen Nachschlag.

Doch selbst der Besten aller Hausfrauen-Köchinnen kann es widerfahren, dass all ihre Kochkunst unbedankt bleibt. Gipfel des Undankes: Das schöne Essen ist fertig, aber die Esser sind noch nicht daheim! Zusehen zu müssen, wie der Kalbsbraten im Rohr verdorrt, vier Sorten Gemüse auf Dunst zermatschen und die Baby-Erdapferln im Bratfett verkrusten, ist grausam. Und kommen dann endlich die Esser heim, immer einer ein paar Minuten nach dem anderen, und zeigen sich allesamt arg befremdet darüber, dass die Frau Mutter »schon wieder ein Gsicht macht«, und erklären, dass sie ohnehin keinen Hunger mehr haben, weil der Herr Papa schon im Beisl »einen Happen« gegessen hat und sich der Nachwuchs bei Mc Donald voll gestopft hat, dann ist dem Gipfel an Undank noch ein Undanks-Gipfelkreuz aufgesetzt.

Im Grunde genommen sollte man überhaupt nur viel Mühe und viel Zeit und viel Geld ins Kochen investieren, wenn die Konsumenten des Gekochten echte Feinspitze sind und zu würdigen wissen, was man ihnen vorlegt.

Es hat wenig Sinn, sich für zwei Jugendliche mit einer aufwändigen Kaninchensülze abzuplagen, wenn die halbwüchsigen Herrschaften ihre Schnitte feinst gewürzter, harmonisch abgeschmeckter Kaninchensülze vor dem Verzehr unter einer zentimeterdicken Schicht Ketchup begraben und mit einem Tubenmayonnaise-Kringel krönen.

Ebenso wenig Sinn hat es, Leute geschmacklich umerziehen zu wollen. Das bringt echt nur Undank! Wer kein Meeresgetier mag, der wird auch nicht durch die allerköstlichst gebratene Seezunge mit Jakobsmuscheln zum Fischliebhaber bekehrt. Und wer absolut nichts Gallertiges zwischen die Zähne kriegen will, den können Sie mit dem besten aller Kalbsschwanzragouts nicht umstimmen. Und wer als Wiener Schnitzel am liebsten eine panierte, fette, schweinerne Schopfbratenschnitte ersehnt – vielleicht weil er das so von Kind an gewohnt ist –, wird es Ihnen nicht danken, wenn Sie ihm edlen Kalbsrücken ausbacken. Den wird er undankbarerweise als »zu trocken« aburteilen.

Und schließlich kommt es auch in den besten Familien vor, dass ein Familienmitglied scheinbar überhaupt keine Geschmackspapillen besitzt. Solche Menschen bekommen bloß Hunger und verschlingen dann, was man ihnen vorsetzt, ohne zu loben, ohne zu tadeln. Ob Knackwurst oder Trüffelsalami, ob Bröselnudeln oder Lasagne, ob zähes Rindsschnitzel oder butterweiches Filet, ihnen ist das völlig einerlei. Man könnte freilich seinen Ehrgeiz dreinsetzen, derartigen Geschmacks-Muffeln einen »feinen Gaumen« anzutrainieren. Alles ist erlernbar! Bloß frage ich mich: Wozu bitte?

Ich jedenfalls wäre froh, wenigstens einen derart unproblematischen Allesfresser versorgen zu dürfen. Würde viel Zeit und Geld sparen. Und zudem ist so eine Person ja auch leicht »außerhäuslich« zu verpflegen. Die kommt nie abgemagert vom Skikurs heim, weil dort »der Fraß ganz unmöglich« gewesen ist. Und bei Tante Irmi zu Besuch schiebt sie auch nicht angewidert den Teller von sich und murmelt: »Igitt-igitt!«

Und sollte dieses Familienmitglied männlichen Geschlechtes sein und eines Tages heiraten, erspart man sich auch eine Schwiegertochter, die verbittert mömelt: »Ewig krieg ich von ihm zu hören, dass das bei seiner Mama aber besser geschmeckt hat!«

V

wie verdorben und vergammelt

Umsichtige Menschen planen ihre Lebensmitteleinkäufe exakt. Denen passiert es nie, dass sie zwanzig Dekagramm allerfeinsten Beinschinken gekauft haben, den – weiß der Kuckuck warum – niemand essen will. Und es passiert ihnen auch nicht, dass ihnen der Fleischhauer statt sechzig Dekagramm neunzig Dekagramm Fleisch einpackt oder der Käsemann statt einem kleinen Stück einen Riesenbrocken vom sardinischen Pecorino runtersäbelt. Und dass dann der Überschuss an Fleisch, Käse und Schinken im Eisschrank tagelang vor sich hin döst. Daher brauchen diese umsichtigen Menschen auch nie zu entscheiden: Ist das nun schon verdorben oder noch einwandfrei? Kann man das noch essen oder nicht?

Diese Entscheidung ist eine echt schwierige. Eine jedenfalls, die ich kaum treffen kann. Steht mein werter Ehemann vor dem offenen Eisschrank und wickelt etwas aus einem Papierl und schnuppert dran herum, flüchte ich flugs aus der Küche, um der Frage »Sag, ist das noch gut?« zu entgehen.

Sobald nämlich jemand auch nur den leisesten Verdacht auf »verdorben« äußert, bin ich schwer verunsichert und total misstrauisch und erschnüffle selbst an frischester Ware ein Häuchlein des Verfalls.

Meine Flucht verunsichert meinen werten Ehemann klarerweise, er schnuppert noch ein bisschen rum, sein Misstrauen gegen das Beschnupperte mehrt sich dabei, also wickelt er es kurz entschlossen wieder ein und legt es in den Eisschrank zurück.

Dieses Spielchen betreiben wir dann etliche Tage, so lange halt, bis der arme Schinken bzw. der Käse oder das Fleisch zweifelsfrei verdorben ist und entsorgt werden kann. Wobei »verdorben« freilich ein ziemlich relativer Begriff ist. Eindeutig ist bloß »gesundheitsschädlich«. Ranzelt die Butter, grabeln die Erdäpfel, muffelt der Käse, sind sie unserer Wohlstandsmeinung nach verdorben. Aber gesundheitsschädlich sind sie in diesem Zustand keineswegs. Das ist nicht mal Mehl, in dem sich Mehlwürmer tummeln. Als ich ein kleines Kind in Kriegszeiten war, kaufte meine Mutter manchmal um viel Geld im Schleichhandel Vorkriegs-Mehl. Das war fast immer mit kleinen Mehlwürmern angereichert und wurde – ganz ohne Ekel – durch ein Haarsieb gerüttelt und so von der »Zuwaage« befreit. Und der Zwetschkenkuchen aus dem Mehlwurm-Mehl schmeckte uns köstlich!

Mehlwürmer waren damals halt einfach »normal«. Es war auch »normal«, dass ranzige Butter zu Butterschmalz gekocht wurde und die Milch »mit Stich« in den Palatschinkenteig kam. Nicht mehr ganz »normal« war allerdings meiner Großtante Leni Umgang mit ihrem selbst gemachten Sauerkraut, das in einem kleinen Holzfass am Ende der Kellerstiege vor sich hin schimmelte, weil die Leni-Tant sichtlich irgendetwas beim Sauerkrauteinlegen falsch machte. Nun war die gute Frau aber unheimlich geizig, also schaffte sie es klarerweise nicht, einfach das ganze Kraut wegzuwerfen. Sie brachte es nicht einmal übers Herz, die oberste, verschimmelte Krautschicht in den Koloniakübel zu tun. Sie wusch das zoberst liegende Schimmelkraut in ein wenig Wasser aus und fand, dass das reiche. Und wenn sie drei Tage später wieder in den Keller runterkam, war der Schimmel nachgewachsen und die oberste Krautschicht wieder total verschimmelt und wurde abgehoben, gewaschen und gegessen. Hinweise darauf, dass dies gesundheitsschädlich sei, ja sogar Krebs verursachen könnte, konterte sie immer entrüstet mit: »Tut's euch nur nix an, so ein Schimmel ist auch nur die reine Natur!«

Ich will ja beileibe nicht dem Schimmelessen das Wort reden, aber dass die Leni-Tant, dreimal die Woche Schimmel-Kraut essend, vierundneunzig Jahre alt wurde, soll abschließend doch nicht unerwähnt bleiben.

W

wie Würste aller Art

Vor etlichen Jahrzehnten, in meinen ersten Ehejahren, kaufte ich jeden Donnerstag fürs Nachtmahl in einem kleinen, aber feinen Delikatessenladen zwei Leberwürste. Mit Sauerkraut und Erdäpfelschmarrn garniert, schätzten mein Mann und ich diesen Donnerstag-Schmaus; auch wenn es uns nur selten gelang, die Leberwürste in Wurstform zu servieren, weil die Wursthäute im heißen Bratfett spätestens beim Wenden Löcher bekamen, aus denen unaufhaltsam Wurstbrät quoll und zu einer Art Lebersterz wurde, in dem sich die zwei klein geschrumpften, schrumpeligen Wursthäute wie – Pardon! – gebrauchte Präservative ringelten.

Und dann stand eines Donnerstags im Delikatessengeschäft eine alte, weißhaarige, vierzig Gramm Beinschinken kaufende Dame neben mir, blickte stirngerunzelt auf meine zwei Leberwürste, die der Delikatessenhändler gerade auf die Waage gelegt hatte, und raunte mir zu: »Junge Frau, wenn Sie wüssten, was in denen alles drin ist, würde Ihnen der Gusto drauf vergehen!«

Ich kaufte die Leberwürste trotzdem, und meine Leberwurst schmeckte mir kein bisschen weniger als sonst. Aber der warnende Satz der alten, weißhaarigen Dame hat sich in meinem Hirn auf immer und ewig eingenistet. Sooft ich seither eine Leberwurst – ganz oder als Sterz – verputze, höre ich es leise raunen: »Junge Frau, wenn Sie wüssten …«

Doch dann sage ich mir: Diesen Verdacht könnte man schließlich gegen jede Wurst äußern! Von keiner Wurst weiß der Esser, was exakt in ihr drin ist! Und genereller Wurstverzicht ist für eine geborene, gelernte Wienerin schier unmöglich. Keine Augsburger, keine Blunzen, keine Cabanossi, keine Debreziner, keine Extrawurst, keine Frankfurter, keine Knacker, keine Landjäger, keine Mortadella, keine Polnische, keine Salami, keine Zungenwurst, das wäre ein arg bitteres Diätleben. Und es hieße ja zudem: kein Wurstgulasch, kein Erdäpfelpüree mit Augsburgern, keine saure Wurst, kein Blunzengröstl, keine Eingebrannten mit Knackwurst, keine Bohnen mit Dürrer drin, keine mit Eierspeis gefüllten Extrawurstschüsserln, keine Linsen mit Bratwurst, also keine billigen und trotzdem himmlisch mundenden Gerichte.

Apropos Linsen mit Bratwurst! Da Bratwürste einigermaßen Fett enthalten, wäre es ratsam, auf die hierorts üblichen Specklinsen als Beilage zu verzichten und stattdessen »Grünzeug-Linsen« zu machen. (»Grünzeug« nennt man in Wien ein Bündl aus einer Karotte, einer gelben Rübe, einer Petersilwurzel und einer Schnitte Knollensellerie. Anderswo heißt das »Suppengrün«.)

Für die *Grünzeug-Linsen* brauchen wir:

1 kleine Dose Linsen
1 kleine Zwiebel
1 kleinen Bund Grünzeug
1 Klacks Butter
1 Stamperl Obers
etwas Rindsuppe
oder etwas Wasser und 1/2 Suppenwürfel
Salz und Pfeffer
Und so werken wir:

Die Zwiebel wird auf allerkleinste Würferln geschnitten.

Das Grünzeug wird auch auf kleine Würferln – optimale Kantenlänge 3 mm – geschnipselt. (Jaja, diese Futzelei ist ein bisschen mühsam, aber gewürfelt schmeckt das Wurzelzeug halt weitaus besser als gerieben.)

Die Linsendose wird geöffnet und ihr Inhalt wird auf ein Sieb geschüttet, wo die Linsen brav abtropfen.

Nun wird die Butter in einem Reindl geschmolzen und die Zwiebelwürferln werden in ihr glasig angedünstet.

Dann kommen die Grünzeug-Würferln rein und werden auch ein bisschen angeröstet.

Ist das getan, kommt die Rindsuppe dazu. Gerade so viel, dass die Zwiebel-Grünzeug-Würferln bedeckt sind und ein paar Minuten sanft vor sich hin köcheln können. Ein paar Minuten reichen für so kleine Würferln, wenn sie kernig bleiben sollen.

Sind die paar Minuten um, kommen die abgetropften Linsen und das Stamperl Obers rein, wir kosten und salzen und pfeffern nach Geschmack und lassen schließlich unser Linsengericht noch ein, zwei Minütchen durchschmurgeln, bevor wir es mit den Bratwürsten und reschen Semmerln servieren.

X

wie? wie? wie?
wie? wie? wie? wie?
Xantener

Wer ein A–Z-Büchlein – ganz egal über welches Thema – verfassen will, kriegt klarerweise spätestens beim X ein ziemliches Problem. Was gibt es denn schon mit diesem lausigen Anfangsbuchstaben? Xerxes, Xanthippe, Xaver, Xenokratie, Xylophon und Xanten, dann die X-Verbindungen wie X-Beine, X-Achse, X-Chromosom und X-Haken. Und ein paar aus dem Altgriechischen stammende X-Absonderlichkeiten. Für ein Küchen-ABC jedenfalls ist kaum etwas Brauchbares darunter!

Es sei denn, ich behaupte einfach (und die milden Leser nehmen es mir ab), dass in Xanten – das ist eine liebliche Stadt im niederrheinischen Tiefland – sehr, sehr gut gekocht wird, und dass jedermann, der einmal dort gewesen ist, sein Lebtag lang vom wundervollen »Xantener Gemüsetopf« schwärmt und darauf happig ist, endlich, endlich das Geheim-Rezept für diese Xantener Köstlichkeit zu erhaschen.

Also: *Xantener Gemüsetopf*
(könnte freilich auch »Xerxes-Pott« oder
»Gemüse à la Xaver« heißen)
Dazu brauchen wir für 4 Personen als Beilage:
2 mittlere Zwiebeln
1 grünen, 1 roten, 1 gelben Paprika
150 Gramm Champignons
1 Knoblauchzehe
2 große, fleischige Paradeiser
2 Esslöffel Paradeismark
ein paar Thymianzweigerln
ein paar Basilikumblatterln
4 Esslöffel Olivenöl
40 Gramm Butter
Salz, Cayennepfeffer, eine Prise Zucker
einen Fingerhut Zitronensaft.

Und so fabrizieren die Xantener ihren Gemüsetopf:
Sie schälen die 2 Zwiebeln und vierteln sie.
Sie halbieren die Paprikaschoten, entfernen die Stielansätze und die Kerne und schneiden die geputzten Schotenhälften auf Eckerln. Je nach Xantener-Vorliebe in Briefmarkengröße oder auch kleiner.
Sie putzen die Champignons, vierteln sie und tropfen den Zitronensaft über die Viertel.
Sie machen in zwei Pfannen je 2 Esslöffel Olivenöl heiß. In der einen Pfanne dünsten sie die Paprika-Eckerln an, in der anderen die Champignons. Dann würzen sie beides mit Salz und Cayennepfeffer.

Nun nehmen die Xantener eine dritte Pfanne, tun die Butter rein und bräunen darin die Zwiebelviertel. Sind die Viertel leicht gebräunt, kommen die Champignons und die Paprikastreifen dazu, die Prise Zucker, der gepresste Knoblauch, der Thymian und das Tomatenpüree. Dann wird umgerührt, mit einem 1/4 Liter Wasser aufgegossen und ein Deckel auf die Pfanne getan.

Jetzt muss das Gemüse zugedeckt, auf allerkleinster Flamme, vor sich hin köcheln. Und während es das tut, werden die zwei Paradeiser mit kochendem Wasser überbrüht, gehäutet, geviertelt, entkernt und auf Streifen geschnitten.

Kurz bevor das Gemüse gar ist, kommen die Paradeiserstreifen und die klein gezupften Basilikumblätter rein.

PS: Die Xantener halten den Gemüsetopf ziemlich lange am Köcheln. Dass dabei Vitamine verloren gehen, stört sie nicht. Sie behaupten, nur in sehr langer Köchel-Zeit könnten die Paprikaschoten ihr volles Aroma entfalten.

PS: Zur Geschichte dieses »Gemüsetopfes« ist zu berichten, dass ein gebürtiger Ungar namens »Ferenz Letscho«, der Ende des 19. Jh. in Xanten ein Wirtshaus betrieb, dieses Gericht für seine Gäste kreierte.

Y

wie Yamswurzel

Wer heutzutage als Gastgeber zur »innovativen Spitzenklasse« gehören will, sollte – falls er einen einigermaßen mutigen Freundeskreis sein Eigen nennt – bei der Auswahl der Zutaten zu einem Festmahl nicht engstirnig-hausmannsköstlerisch vorgehen.

»Ethno-food« etwa könnte für den waghalsigen Hobbykoch oder die ebenso waghalsige Hobbyköchin eine adrette »Gastgebernische« sein, in welcher er – oder sie – munter drauflos kochen kann, ohne sich hämische Kritik der Gäste einzuhandeln. Denn: Wie ein ordentlich saftiger, knuspriger Schweinsbraten und die zugehörigen Erdäpfelknödel zu schmecken haben, weiß hierzulande jeder Gast und ist daher auch in der Lage, einen Braten-Knödel-Pfusch als solchen zu erkennen. Aber wie ein ordentlicher »Hochzeitstopf aus Heiderabat« zu schmecken hat, wissen die wenigsten Gäste, können also nicht viel rummäkeln, so ihnen das Vorgesetzte nicht mundet.

Eine Yamswurzel – sozusagen als Einstieg ins Küchen-Ethno-Abenteuer – wäre zu empfehlen. Aber klarerweise eine kleine, da diese tropische bzw. subtropische Knolle angeblich bis zu zwanzig Kilo schwer sein kann. Verarbeiten lässt sich das Ding mannigfaltig. Zum Beispiel als Brei. Der schmeckt ungefähr so wie dreimal aufgewärmtes Erdäpfelpüree. Oder man hobelt hauchdünne Scheibchen von der Yamswurzel und frittiert diese. Das Ergebnis erinnert im Geschmack verflixt an Kartoffelchips mit längst verjährtem Ablaufdatum. Macht aber nix! Hauptsache, der Gastgeber hat damit dokumentiert, dass er den Trend zum Ethno-Food verinnerlicht hat und »top-in« ist.

Will der Gastgeber aber nicht schlicht ethnomäßig kochen, sondern multikultimäßig, könnte er »Waldviertler Yamsknödel« auf den Tisch bringen. Dafür muss er bloß die geriebenen Erdäpfel durch geriebene Yamswurzel ersetzen, und schon hat er das Subtropische mit dem Bodenständigen unter einen Deckel gebracht.

Solch ausgefallene Gaumenfreuden kann allerdings nur ein Großstädter produzieren, da Supermärkte oder Greißler, die Yamswurzeln führen, auf dem flachen Lande und in Kleinstädten kaum zu finden sein werden. Aber es muss ja nicht unbedingt eine Yamswurzel sein, die vom Multikultiflair eines Koches oder einer Köchin zeugt. In jeder besseren Kochzeitschrift preisen etliche Versandhändler jede Menge Ethno-Food der getrockneten bzw. eingedosten Art an.

Da kann man – unter anderem – aus Seealgen gepresste Nori-Blätter bestellen, getrocknete Wolkenohren (das sind Pilze, die auf Bäumen wachsen), auch echte Lima-Bohnen und klarerweise Dutzende erstaunlicher Gewürze und Kräuter. Sogar ein Kraut mit dem schönen Namen

Epazote, welches angeblich sehr interessant ein Häuchlein nach Medizin schmeckt.

Daraus könnte ein kreativer, weltoffener Koch oder eine ebenso kreative, weltoffene Köchin etwas sehr Schönes brutzeln, indem er – oder sie – ein europäisches Hendl mit Lima-Bohnen und Wolkenohren füllt, mit Epazote einreibt, es hierauf in zusammengenähte Nori-Blätter wickelt und schön langsam gar brät. Ob das gut schmecken würde? Also bitte! Warum sollte ein »Welt-Hendl« mit köstlichen Zutaten aus sämtlichen Kontinenten unseres Blauen Planeten denn nicht munden, wenn man kein engstirniger Chauvi ist? Vorsichtige Sparsamkeit wäre allerhöchstens beim Einreiben mit diesem Epazote-Kraut anzuraten. Damit das Hendl nicht allzu sehr nach Hustensaft schmeckt. Aber anderseits: Warum sollte ein Hendl eigentlich nicht nach Hustensaft schmecken, wenn heutzutage der Hustensaft nach Himbeeren und das Abführmittel nach Banane schmecken?

Und überhaupt kommt es bei einem Multi-Kulti-Welt-Hendl nicht so sehr auf den Geschmack an. Da geht es schließlich um eine soziale Leistung! Wer ausländische und einheimische Nahrungsmittel in eine Speise »integriert«, tut nämlich wenigstens auf dem Küchensektor etwas gegen bornierte Fremdenfeindlichkeit!

Zudem: Würden die Verkoster dem Multi-Kulti-Welt-Hendl geschmacklich »herrliche Harmonie der Zutaten« nachsagen können, wäre es ja kein »integriertes«, sondern ein »assimiliertes« Hendl und als solches jedem echten Mulit-Kulti-Fan ein grobes Ärgernis.

Z

wie Zaubern

Es hört sich ja gut an, wenn ein sehr erwachsener Enkel von seiner Oma selig schwärmt: »Die Frau war eine begnadete Köchin. Aus den einfachsten Zutaten konnte sie ein Festmahl zaubern!«

Aber was sich gut anhört, muss noch lange nicht wahr sein. Und es stimmt halt leider überhaupt nicht, dass beim Kochen von begnadeten Köchen und Köchinnen »gezaubert« werden kann. Da stimmt schon eher die abgeklärte Koch-Weisheit meiner Oma selig, die lautete: »Es kommt nichts aus dem Topf heraus, was nicht hineingekommen ist!«

Für eine gute Rindsuppe braucht es eben Fleisch und Knochen und ein bisschen Leber und Milz und Grünzeug und Zwiebel und Salz. Keine dieser Zutaten lässt sich durch »Zaubern« ersetzen. Und die drei Stunden Köchelzeit, deren eine gute Suppe bedarf, sind auch nicht durch »Zaubern« auf ein Stündchen zu reduzieren.

Dem Zaubern nahe kommen höchstens modische Küchenbenutzer (Köche wollen wir sie lieber nicht nennen), die eine kleine Pappdose auf die Kante einer Arbeitsplatte knallen, und – Hokuspokus! – springt ein Streifen aufgerollter Pizzateig heraus. Oder sie schütten siedendes Wasser auf den bröckelig-brösligen Bodensatz eines Plastikbechers, rühren ein bisschen um und haben – Simsalabim! – ein Gemüsesupperl mit Nudeln im Becher. Oder sie lassen bleiche Flocken auf noch bleichere, warme Milch schneien und haben – Abrakadabra! – ein gelbes Erdäpfelpüree parat. Ob sich derartige Zaubereien allerdings als »Festmahl« ausgeben dürfen, wage ich leise zu bezweifeln. Es laut zu bezweifeln, steht mir nicht zu, weil ich noch nie solch »Zauber-Zeug« gekostet habe.

Übrigens: Fragt man den eingangs erwähnten, sehr erwachsenen Enkel nach Details der »gezauberten Festmähler« seiner Oma selig, schwärmt er jedes Mal von himmlischen Powidltatschkerln drauflos. Dieses einfache Gericht aus einfachen Zutaten, sagt er, sei deshalb ein Festmahl gewesen, weil die Oma-Powidltatschkerln köstlicher waren als alles, was er seither an Köstlichkeiten gegessen habe.

Solch unrealistisch verklärte Ess-Erinnerungen haben die meisten Menschen. Bei meinem Vater war es eine Bohnentorte. Die bekam er als Kind in harter Kriegs- und Nachkriegszeit zum Geburtstag (die passierten Bohnen sollten die Mangelware Kastanienpüree ersetzen). Mit dieser Bohnentorte nervte mein Vater meine Mutter jahrelang. Aber meine Mutter weigerte sich hartherzig, statt Kastanien Bohnen für eine Torte zu nehmen. »Ich bin doch nicht meschugge«, sagte sie entrüstet, »Bohnen gehören ins Bohnengulasch und sonst nirgendwo hin!«

Dann fand ich eines Tages, im Nachlass meiner Großmutter stöbernd, auf der Hinterseite eines Kalenderblatts aus dem Ersten Weltkrieg, das Bohnentorten-Rezept, mit der handschriftlichen Bemerkung versehen: Schmeckt dem Burli gut!

Also buk ich dem »Burli« zum 60. Geburtstag die lang ersehnte Bohnentorte. Originalgetreu mit Sacharin statt Zucker und bar jedweden Eies. Wie ein Schneekönig freute sich mein Vater auf die Torte. Doch nach dem ersten Bissen verdüsterte sich seine Miene gewaltig. Aus schierer Höflichkeit und väterlicher Liebe nahm er noch einen zweiten Bissen, einen dritten schaffte er nicht mehr. Es sei ihm heute, log er mir vor, nicht ganz wohl im Magen. Und zu meiner Mutter meinte er hinterher: »Die Bohnen müssen früher besser geschmeckt haben!«

Genauso wenig wie es ein Erwachsener noch hinkriegt, sich ein enormes Lustgefühl zu verschaffen, indem er bloßfüßig durch warmen Gatsch quatscht, genauso wenig kann er halt kindliche Gaumenlüste wiederbeleben. Reicht aber auch, wenn man sich genüsslich an sie erinnert.

Als passendes Z-Rezept hätte ich einen *Zauberhaft zarten zungenfreundlichen Zitronenkuchen* anzubieten.

Dazu brauchen wir: Eier, Butter, Zucker, Mehl und die abgeriebene Schale von 2 Natur-Zitronen.

Da es sich in diesem Fall um eine »Eischwer-Masse« handelt, nehmen wir ein paar Eier, 4 oder 5 oder 6, und wiegen sie ab. Pro Gramm Ei brauchen wir je ein Gramm Butter, Zucker und Mehl.

Sämtliche Zutaten müssen »zimmerwarm« werden. Diesen Zustand haben sie erreicht, wenn die Butter batzweich ist. Zur batzweichen Butter tun wir zwei Drittel vom Zucker und rühren mit dem Handmixer Butter und Zucker zu einer locker-cremigen Masse.

Die Eier trennen wir in Dotter und Klar. Die Dotter kommen in die Butter-Zucker-Creme. Schön langsam! Zuerst wird ein Dotter eingerührt, bis sich der total integriert hat, kommt der nächste ... und so weiter.

Dann werden die Klar zu Schnee geschlagen, wobei das restliche Zucker-Drittel eingeschlagen wird. (Vor dem Schneeschlagen die Quirle sorgfältigst säubern! Fettige Quirle nimmt das Eiklar übel, ist beleidigt und weigert sich, zum Schnee zu werden.)

Jetzt sieben wir das Mehl auf das goldgelbe Butter-Zucker-Dotter-Gemisch, tun die geriebene Zitronenschale dazu und mischen beides unter. Das lässt sich auch mit dem Handmixer machen, ich nehme aber lieber einen Kochlöffel.

Nun haben wir eine ziemlich feste Masse in der Rührschüssel. Die lockern wir auf, indem wir rund ein Viertel vom Eischnee mit dem Kochlöffel einrühren. Der restliche Eischnee sollte sich dann problemlos »behutsam unterziehen« lassen.

Ist das getan, kommt die Masse in einer gebutterten, bemehlten Kastenform ins 180 Grad heiße Backrohr, wo sie ungefähr eine Stunde bleibt. Während des Backens springt der Zitronenkuchen an der Oberfläche auf. Das ist kein Fehler, das gehört sich so!

Da jedes Backrohr ein bisschen anders bäckt, ist es ratsam, nach 50 Minuten die »Nadelprobe« zu machen. Dazu ziehen wir die Kastenform aus dem Backrohr und stechen ein dünnes Holzstaberl in den Kuchen. Klebt am Staberl Teig, muss der Kuchen weiterbacken, ist das Staberl sauber, ist der Kuchen fertig.

ABC zum Küchen-ABC

Ein österreichisch-deutsches Küchenglossar

Achterl, das	1/8 Liter
Alufolie-Packerl, das	Alufolie-Päckchen
Baby-Erdapferl, das	kleine, junge Kartoffel
Basilikum-Blatterl, das	Basilikum-Blättchen
batzweich	Weichheitsstadium knapp vor dem Zerfließen
Beisl, das	Beiz, Kneipe
Beuschel, das	Lunge
Binkel, der	ein großer Sack voll, eine große Menge; Bündel
Buchterl, das	kleine → Buchtel
Biskotten (Mz.)	Löffelbiskuits
Blinis (Mz.)	russische Spezialität: Buchweizenpfannkuchen
Blunzn, die	Blutwurst
Blunzngröstl, das	Blutwurst und blättrig geschnittene gekochte → Erdäpfel, mit Zwiebeln geröstet
Brennnessel-Gmachtl, das	ein Sößchen aus grob gehackten Brennnesseln und Zwiebeln, in Butter gedünstet
Brettl, das	Brett, hier Schneidbrett
brettleben	flach wie ein Brett
Bröckerl, das	kleiner Brocken
Bröckerlgatsch, der	misslungener Brei, Brei mit Bröckchen
Bröseln (Mz.)	fein geriebenes Weißbrot
Brombeersafterl, das	Brombeersaft

Buchteln (Mz.)	→ Mehlspeise aus Hefeteig, mit Marmelade gefüllt
Dalken (Mz.)	krapfenförmige → Mehlspeise aus Hefeteig
Dampfl, das	Vorteig, Gärprobe bei einem Hefeteig
Deka, das	Dekagramm; 1 Deka = 10 Gramm
Desserterl, das	kleines Dessert
Dödel, der	Dummkopf
Dotterpatzen, der	großer Dotterfleck
Dotter-Zucker-Abtrieb, der	Zucker in Dotter eingerührt
Dukatenbuchteln (Mz.)	→ Buchteln mit dem Durchmesser etwa einer 2 €-Münze
Duvec	serbisches Reisfleisch
Eckerln (Mz.)	kleine Dreiecke
Edel-Fleischhauer	exquisiter Metzger, Fleischer
Eier-Mehl-Gmachtl	Eier und Mehl zu einem dünnen Teig verrührt (gemacht)
Eier-Obers, das	Sahne-Ei-Gemisch
Eierschwammerl, das	Pfifferling
Einbrenn, die	Mehlschwitze
Eingebrannte (Mz.)	gekochte Kartoffeln in Mehlschwitze mit Essig, Zucker, Kapern und/oder Essiggürkchen gewürzt
Erdäpfel (Mz.)	Kartoffeln, Grundbirnen
Erdäpfel-Gratin, das	überbackene Kartoffelscheiben
Erdäpfelknödel (Mz.)	Kartoffelklöße
Erdäpfelmampf, der	gestampfte Kartoffeln, ungewürzt
Erdäpfelpüree, das	Kartoffelbrei
Essiggurkerln (Mz.)	marinierte Gürkchen, Cornichons
Ezzes (Mz.)	Tipps, Ratschläge
Fabriks-Laberl, das	maschinell hergestelltes Brötchen
Feinspitz, der	Feinschmecker, Gourmet
Fleckerln (Mz.)	Fleckchen (kleine Quadrate) aus Nudelteig

Fleischhauer	Metzger, Fleischer
Fuzerl, das	Fussel; auch: etwas sehr Kleines
Gansl, das	Gänschen, liebevolle Bezeichnung für eine Bratgans
Gatsch, der	hier: undefinierbarer Brei; auch: Schlamm oder Straßenkot
Gatschquatschen, das	durch → Gatsch gehen, ergibt ein schmatzendes Geräusch
Gemüsesupperl, das	Gemüsesüppchen
Germteig, der	Hefeteig
Germteigmehlspeisen	→ Mehlspeisen aus Hefeteig
Germwürfel	ein Würfel Hefe (ca. 40 Gramm)
Geselchtes, das	warm geräuchertes Fleisch, das vor dem Verzehr gekocht wird
Glace, die	Fleischextrakt, zu Sirup eingekocht
Greißler	Kaufmann; auch: Tante-Emma-Laden
Grünzeug, das	Suppengrün
ein Gsicht machen	ein Gesicht ziehen
Gummibärli, das	Gummibärchen
Gusto, der	Lust, Appetit, Geschmack
Handerl, das	Händchen
Hangerl, das	Küchentuch
Hauferl, das	Häufchen
Häuptl, das	Verkleinerungsform von Haupt, Kopf, Knolle
Haxl, das	Beinchen
Hendl, das	Hühnchen
Holzstaberl, das	Holzstäbchen
für den Hugo	vergeblich, zwecklos
i-Tüpferl	i-Tüpfelchen
Kaffee-Häferl, das	Kaffee-Tasse
Kaiserschmarrn, der	lockerer, mit einer Gabel zerteilter Rosinen-Pfannkuchen, mit → Staubzucker bestreut

Kalbsvögerl, das	Fleisch von der Kalbshaxe
kletzeln	hier: mühsam schälen, palen
Knödel, der	Kloß
Knöderl, das	Klößchen
Krauthappe(r)l, das	Kohlkopf (Happel, → Häuptel)
Krautfleckerln (Mz.)	weich gekochte → Fleckerl in geschmortem Weißkohl
Kren, der	Meerrettich
Kreuzerlstich, der	Kreuzstich
Lebersterz, der	fein gehackte Leber, Grieben, zerdrückte Knoblauchzehen zu einem Pfannkuchenteig verrühren, in heißem Fett backen und zu einem Schmarrn zerteilen
Maizena	Stärkemehl aus Mais
Manner-Schnitten	Waffelschnitten, hergestellt von der Fa. Manner (rosa Packung mit Stephansdom drauf)
Markscheiberl, das	Scheibchen vom Rindsknochenmark
Mehlspeise	kalte und warme Süßspeisen, die mit Mehl bereitet werden
meschugge	verrückt
Minuterl, das	Minütchen
Morchelsoßerl, das	Morchelsößchen
Nockerln (Mz.)	Nocken, kleine längliche Teigklößchen aus Mehl, Eiern, Butter und Milch, oft auch Brandmasse, in Salzwasser gegart
Nudelfleck, der	dünn ausgerollter Nudelteig
Nudelwalker, der	Nudelholz
nudelwalkergewalkt	mit Nudelholz dünn ausgerollt
nullkommapepi	in nullkommajosef
Obers, das	süße Sahne, süßer Rahm
Ochsenschlepp, der	Ochsenschwanz

Palatschinke, die	Pfannkuchen, Eierkuchen
Papierl, das	Stück Papier
Paradeiser, der	Tomate (Paradiesapfel)
Petersil, der	Petersilie, Peterlein, Silk
Pfandl, das	Pfanne
plattlvoll	randvoll; kein Plättchen hat mehr Platz
(Pomodori) Pelati	geschälte Tomaten
Potizen (Mz.)	mit Nuss- oder Mohnfülle gefüllte → Mehlspeise aus Hefeteig
Powidl, der	dick eingekochtes Pflaumenmus
Powidltatschkerln, die	Teigtaschen, zumeist aus Kartoffelteig, mit → Powidl gefüllt, in Salzwasser gekocht. Werden in mit Butter gerösteten → Bröseln gewendet, mit → Staubzucker bestreut.
Raritäten-Gspür, das	Gefühl (Gespür) für Rares
Reindl, das	Kochgeschirr
reschen	knusprigen
Restl, das	Restchen; was von einer Mahlzeit übrig blieb
Rindsuppe	Rinderkraftbrühe
Ripperln (Mz.)	Rippchen
Saubohnen	dicke Bohnen
Schlagobers, das	Schlagsahne, Schlagrahm
Schlagobershauberl	Sahnehäubchen
Schatzerl, das	Schätzchen
Scheiberl, das	Scheibchen
Schmalzeinbrenn, die	Mehlschwitze, mit Schweineschmalz zubereitet
Schweinshaxlsuppe	Brühe aus Schweinefüßen
Semmerln (Mz.)	Brötchen
Speckdukatenbuchteln (Mz.)	mit Speck gefüllte → Dukatenbuchteln

Speckwürferln (Mz.)	Speckwürfelchen
Staberl, das	Stäbchen
Stamperl, das	Schnapsglas; ein Schnapsglas voll
Staubzucker	Puderzucker
Sterz, der	Speise aus einem Teig von Buchweizen-, Grieß- oder Maismehl, in Fett gebacken oder in heißem Wasser gekocht und dann in kleine Stückchen zerteilt
Stückerl, das	Stückchen
Supperl, das	Süppchen
Teelöfferl, das	Teelöffel
Teig walken	Teig mit Nudelholz dünn ausrollen
wacheln	fächeln
Weichseln (Mz.)	Sauerkirschen
Wiener Schnitzel, das	Kalbschnitzel (geschnitten aus dem Frikandeau) in Mehl, Ei und Bröseln gewendet und in heißem Fett (Schmalz) schwimmend gebacken
Würferl, das	Würfelchen
zizerlweise	nach und nach
Zubeiß, der	ein kleiner Snack zu einem Drink
Zug	hier: Zugluft
Zwiebelflankerl, das	Flöckchen oder Partikel von einer Zwiebel
Zwiebelgatsch, der	Zwiebelbrei